Swami Sri Yukteswar

ज्ञानावतार स्वामी श्रीयुक्तेश्वरेण प्रणीतम्

कैवल्यदर्शनम्

Kaivalya darsanam

Pyhä tiede

Jnanavatar Swami Sri Yukteswar Giri

Englanninkielinen alkuteos: The Holy Science, julkaissut
Self-Realization Fellowship, Los Angeles, Kalifornia

ISBN-13: 978-0-87612-051-4
ISBN-10: 0-87612-051-6

Suomentanut Self-Realization Fellowship
Copyright © 2014 Self-Realization Fellowship

Kaikki oikeudet pidätetään. Lukuun ottamatta lyhyitä kirja-arvioinneissa käytettäviä lainauksia mitään osaa kirjasta *Pyhä tiede (The Holy Science)* ei saa jäljentää, varastoida, välittää tai esittää missään muodossa eikä millään nykyään tunnetulla tai myöhemmin käyttöön otettavalla menetelmällä (sähköisesti, mekaanisesti tai muuten) – mukaan lukien valokopiointi, äänittäminen, tietojen tallennus- ja tulostusmenetelmät – ilman ennalta pyydettyä lupaa osoitteesta: Self-Realization Fellowship, 3880 San Rafael Avenue, Los Angeles, California 90065–3219, U.S.A.

 Self-Realization Fellowship -järjestön Kansainvälisen julkaisuneuvoston hyväksymä

Vuonna 1920 Swami Sri Yukteswar lähetti Yhdysvaltoihin tärkeimmän oppilaansa Paramahansa Yoganandan viemään länteen Intian ikivanhaa joogatiedettä. Gurunsa pyynnöstä Paramahansaji perusti Self-Realization Fellowshipin palvelemaan SRF:n gurulinjan *kriya*-joogaopetusten levittämistä maailmanlaajuisesti. Self-Realization Fellowship -nimi ja yllä nähtävä tunnus esiintyvät kaikissa SRF-kirjoissa, äänitteissä ja muissa julkaisuissa varmistamassa, että ne ovat Paramahansa Yoganandan perustaman järjestön tuottamia ja seuraavat uskollisesti hänen opetuksiaan.

Ensimmäinen suomenkielinen
Self-Realization Fellowshipin tuottama painos 2014
First edition in Finnish from *Self-Realization Fellowship*, 2014

ISBN-13: 978-0-87612-463-5
ISBN-10: 0-87612-463-5

1907-J2819

SISÄLLYS

Alkusanat... vi
Esipuhe.. viii
Johdanto... 3

Luku 1: Evankeliumi........................ 21
Luku 2: Päämäärä............................. 43
Luku 3: Menetelmä........................... 53
Luku 4: Ilmestys............................... 85

Loppusanat...................................... 95
Kirjoittajasta................................... 97

Valokuvat

Swami Sri Yukteswar *(esilehdellä)*........... ii

Swami Sri Yukteswar ja Paramahansa Yogananda Kalkutassa 1935........................... x

Swami Sri Yukteswar Paramahansa Yoganandan seurassa viimeisessä päivänseisausjuhlassa Seramporessa 1935........................... xi

ALKUSANAT

Kaikkien maiden ja aikakausien profeetat ovat onnistuneet Jumalan etsinnässään. Saavuttaen todellisen valaistumisen, *nirbikalpa samadhin,* nämä pyhimykset ovat oivaltaneet kaikkien nimitysten ja muotojen tuolla puolen olevan Ylimmän Todellisuuden. Maailman pyhiin kirjoituksiin on tallennettu heidän viisauttaan ja hengellisiä neuvojaan. Koska nuo kirjoitukset on puettu erilaisiin sanallisiin asuihin, ne eroavat ulkonaisesti mutta ilmaisevat – jotkut avoimesti, jotkut peitetysti ja symbolisesti – samat Hengen perustotuudet.

Gurudevani, Seramporen *jnanavatar*[1] Swami Sri Yukteswar (1855–1936) oli erityisen sopiva oivaltamaan sen olennaisen ykseyden, joka löytyy kristinuskon ja *sanatan dharmanin* opetuksista. Hän asetti pyhät tekstit virheettömän mielensä pöydälle ja erotti intuition leikkausveitsellä oppineiden johtopäätelmät ja väärät tulkinnat profeettojen alkuperäisistä totuuksista.

Jnanavatar Swami Sri Yukteswarin erehtymättömän hengellisen oivalluskyvyn ansioista tämä kirja näyttää meille perustavanlaatuisen sopusoinnun vaikean raamatullisen kirjan, *Johanneksen ilmestyk-*

---

[1] 'Viisauden inkarnaatio', juontuu sanskritin sanoista *jnana,* 'viisaus' ja *avatara,* 'pyhä inkarnaatio'. (*Julkaisijan huomautus*)

sen, ja intialaisen *sankhya*-filosofian välillä.

Kuten *gurudevani* selittää johdannossaan, hän kirjoitti nämä sivut kuuliaisuudesta Babajin pyynnölle; Babaji oli Lahiri Mahasayan pyhä *gurudeva* ja Lahiri Mahasaya puolestaan Sri Yukteswarin *gurudeva.* Olen kertonut näistä kolmesta suuresta Kristuksen kaltaisesta mestarista teoksessani *Autobiography of a Yogi (Joogin omaelämäkerta).*[2]

Sanskritinkieliset *sutrat,* jotka esitetään *Pyhässä tieteessä* luovat runsaasti valoa *Bhagavadgitaan* samoin kuin muihin Intian suuriin pyhiin kirjoituksiin.

Paramahansa Yogananda

249 *dwapara* (1949 jKr.)

---

[2] Ks. sivua 110. (*Julkaisijan huomautus*)

ESIPUHE

W.Y. Evans-Wentz, M.A., D.Litt., D.Sc.

Kirjoittanut muun muassa:

The Tibetan Book of the Dead
(Tiibetiläinen kuolleiden kirja),
Tibet's Great Yogi Milarepa
(Tiibetin suuri joogi Milarepa),
Tibetan Yoga and Secret Doctrines
(Tiibetiläinen jooga ja salaiset opetukset)

"Minulla on ollut etuoikeus tavata – – Sri Yukteswar Giri. Hänen kuvansa esiintyi muiden kuvien ohessa kirjani *Tibetan Yoga and Secret Doctrines* etulehdellä. Tapasin hänet Purissa, Orissassa, Bengalin lahden rantamilla. Hän johti tuolloin hiljaista *ashramia*, joka sijaitsi lähellä meren rantaa, ja keskittyi siellä pääasiassa nuorten oppilaiden hengelliseen ohjaamiseen. – – Sri Yukteswar oli ilmeiltään ja ääneltään lempeä, miellyttävän oloinen ja sen kunnioituksen arvoinen, jota hänen seuraajansa hänelle spontaanisti osoittivat. Jokainen, joka hänet tunsi – kuuluipa sitten hänen omaan yhteisöönsä tai ei – arvosti häntä mitä suurimmassa määrin. Muistan hänet elävästi hänen seisoessaan luostarin sisäänkäynnillä minua tervehtimässä: pitkä, suoraryhtinen, askeettinen hahmo, joka oli puettu sahraminkeltaiseen kaapuun ilmaisten hänen luopuneen maailmallisista pyrkimyksistä. Hän oli valinnut maanpäälliseksi asuinpaikakseen Purin pyhän kaupungin, jonne hurskaita hinduja saapuu päivittäin kaikista Intian maakunnista pyhiinvaelluksellaan kuuluisaan Jagannathin, Maailman Herran, temppeliin. Juuri Purissa Sri Yukteswar sulki kuolevaiset silmänsä vuonna 1936 katoavaisen olemassaolon tapahtumilta ja siirtyi tuonpuoleiseen tietäen, että tämä hänen inkarnaationsa oli tullut voitokkaaseen päätökseen.

"Olen sangen iloinen voidessani antaa tämän lausunnon Sri Yukteswarin ylevästä luonteesta ja pyhyydestä."

Swami Sri Yukteswar ja Paramahansa Yogananda
Kalkutassa 1935

Swami Sri Yukteswar ja Paramahansa Yogananda uskonnollisessa juhlassa, joka pidettiin Sri Yukteswarin Seramporen ashramissa joulukuussa 1935. Seuraavana päivänä suuri guru kutsui luokseen rakastetun oppilaansa ja siirsi tälle vastuun ashrameistaan ja hengellisestä työstään: "Tehtäväni maan päällä on nyt täytetty; sinun on jatkettava. – – Jätän kaiken sinun käsiisi."

Pyhä tiede

JOHDANTO

चतुर्नवत्युत्तर शतवर्षे गते द्वापरस्य प्रयागक्षेत्रे ।
सदर्शनविज्ञानमन्वयार्थं परमगुरुराजस्याज्ञान्तु प्राप्य ॥
कड़ारवंश्यप्रियनाथस्वामिकादम्बिनीक्षेत्रनाथात्मजेन ।
हिताय विश्वस्य विदग्धतुष्ट्ये प्रणीतं दर्शनं कैवल्यमेतत् ॥

[Tämän *Kaivalya darsanamin* (Perimmäisen Totuuden esityksen) kirjoitti Priya Nath Swami[1], Kshetranath ja Kadambini Kararin poika.

Tämä teos on julkaistu koko maailman hyödyksi Suuren Opettajan (Mahavatar Babajin) Allahabadissa nykyisen *dwaparayugan* 194. vuoden lopulla esittämän pyynnön johdosta.]

Teoksen tarkoituksena on osoittaa mahdollisimman selkeästi, että kaikkien uskontojen välillä vallitsee perustavanlaatuinen yhteys. Eri uskontojen paljastamien ydintotuuksien välillä ei ole eroa, ja on olemassa vain yksi järjestys, jonka mukaisesti sekä ulkoinen että sisäinen maailma on kehittynyt, ja on ainoastaan yksi Päämäärä, jonka kaikki kirjoitukset ovat hyväksyneet. Tätä perustotuutta ei kuitenkaan ole helppo käsittää. Eri uskontojen välillä

---

[1] Vuonna 1894, jolloin tämä teos kirjoitettiin, Babaji antoi tekijälle svamin arvonimen. Myöhemmin biharilaisen Buddh Gayan *mahant* (apotti) vihki tekijän muotojen mukaan svami-munkkikunnan jäseneksi, jolloin tämä otti munkkinimekseen Sri Yukteswar. Sri Yukteswar kuului svami-sääntökunnan *giri-* ('vuori') haaraan. (*Julkaisijan huomautus*)

Pyhä tiede

vallitseva epäsopu ja ihmisten tietämättömyys tekevät lähes mahdottomaksi nostaa kaihdinta ja katsoa tätä suurta totuutta. Uskontokunnat lietsovat vihamielisyyden ja eripuran henkeä, ja tietämättömyys laventaa uskonnot toisistaan erottavaa kuilua. Vain muutamat poikkeuksellisen lahjakkaat ihmiset pystyvät kohoamaan uskontokuntansa vaikutuksen yläpuolelle ja löytämään ehdottoman ykseyden kaikkien suurten uskontojen julistamista totuuksista.

Tämän teoksen päämääränä on osoittaa eri uskontojen pohjimmainen sopusointu ja auttaa niitä liittymään yhteen. Tehtävä on todellakin suunnaton, mutta se minulle annettiin Allahabadissa pyhän kehotuksen myötä. Allahabad, pyhä *prayaga tirtha*, Ganges-, Yamuna- ja Saraswati-virtojen yhtymäkohta, on *kumbhamelan* aikana maallisten ja hengellisesti vihkiytyneiden kokoontumispaikka. Maalliset ihmiset eivät kykene ylittämään ajallisuuden rajaa, jonka piiriin he ovat kahliutuneet. Hengelliselle tielle täysin antautuneet eivät puolestaan voi alentua laskeutumaan maailmaan ja sekaantumaan sen kuohuntaan, koska ovat jo kääntäneet maailmalle selkänsä. Maallisiin asioihin uponneet tarvitsevat kuitenkin ihmissuvulle valoa tuovien pyhimysten apua ja opastusta. Niinpä on oltava paikka, jossa noiden kahden ihmisjoukon tapaaminen on mahdollista, ja *tirtha* tarjoaa sellaisen. Myrskyt ja iskut eivät löydä tähän maailman rannalla sijaitsevaan paikkaan. Ihmiskuntaa elähdyttävää sanomaa tuovat *sadhut* (askeetit) löytävät *kumbhamelasta* ihanteellisen tyyssijan jakaa opetusta niille, jotka osaavat tarttua siihen.

Johdanto

Minut valittiin tekemään tunnetuksi tuollaista sanomaa, kun vierailin Allahabadissa tammikuussa 1894 pidetyssä *kumbhamelassa*. Vaeltaessani Gangesin äyräällä muuan mies kutsui minua, ja sen jälkeen minulla oli kunnia keskustella suuren pyhimyksen, Babajin, kanssa. Hän oli oman guruni, banarasilaisen Lahiri Mahasayan, gurudeva. Tämä *kumbhamelan* pyhä henkilö oli näin ollen minulle oma *paramguruji maharaj*[2], vaikka tämä oli ensimmäinen kohtaamisemme.

Keskustellessani Babajin kanssa puhuimme ihmisistä, joita oli parastaikaa saapuvilla näillä pyhiinvaelluspaikoilla. Toin nöyrästi esille, että maailmassa oli älyltään paljon ylivertaisempia ihmisiä kuin useimmat paikalla olijat, mutta he elivät kaukana muissa maanosissa – Euroopassa ja Amerikassa – tunnustaen erilaisia uskoja ja tietämättöminä *kumbhamelan* todellisesta merkityksestä. Nämä ihmiset olivat kyllä kykeneviä pitämään yhteyttä hengellisesti vihkiytyneisiin älyllisellä tasolla, mutta valitettavasti he asettivat usein etusijalle aineellisuuden. Vaikka he olivat kuuluisia tutkimuksistaan tieteen ja filosofian aloilla, monet heistä eivät tajunneet uskontojen olennaista ykseyttä. Uskontunnustukset toimivat lähes ylipääsemättöminä raja-aitoina, jotka uhkaavat jakaa ihmiskuntaa loputtomiin.

---

[2] *Paramguru*, kirjaimellisesti 'kauimmainen guru', on jonkun henkilön gurun guru. Jälkiliite *ji* ilmaisee kunnioitusta. Lisänimi *maharaj*, 'suuri kuningas', lisätään usein poikkeuksellisten hengellisten persoonallisuuksien nimiin. (*Julkaisijan huomautus*)

Pyhä tiede

Paramguruji maharajini Babaji hymyili ja kunnioittaen minua svamin arvonimellä antoi minulle tehtävän kirjoittaa tämä kirja. Syytä en tiedä, mutta minut valittiin kaatamaan raja-aitoja ja osoittamaan kaikkiin uskontoihin kuuluvat perustotuudet. Kirja jakautuu neljään osaan tietämyksen kehityksen neljän vaiheen mukaan. Uskonnon korkein päämäärä on *Atmajnanam*, Itse-oivallus. Mutta tämän saavuttamiseksi on tarpeen ulkonaisen maailman tuntemus. Niinpä kirjan ensimmäisen osan aiheena on वेद *(veda)*, evankeliumi, ja se pyrkii osoittamaan luomakunnan perustotuudet sekä kuvaamaan maailman kehityksen ja paluun alkuun.

Kaikki luontokappaleet luomisen kierron korkeimmista alimpiin asti haluavat kokea kolme asiaa: olemassaolon, tietoisuuden ja onnellisuuden. Nämä päämäärät ovat kirjan toisen osan aiheena. Kolmas osa käsittelee menetelmää elämän kolmen tavoitteen saavuttamiseksi. Neljännessä osassa puhutaan ilmestyksen luontoisista oivalluksista ja kokemuksista, joita elämän kolmen ihanteen tavoittelussa pitkälle päässeet ja hyvin lähelle määränpäätään yltäneet saavat osakseen.

Tässä kirjassa soveltamani menetelmän mukaan asia ilmaistaan ensin idän viisaiden sanskritinkielisin termein ja sen jälkeen se selitetään lännen pyhien kirjoitusten avulla. Tällä tavoin olen parhaani tehden yrittänyt osoittaa, ettei idän ja lännen opetusten välillä ole todellista poikkeavuutta, saati oikeaa ristiriitaa. Kirjoitettuani tämän teoksen *paramgurudevani* innoittamana ja tiedon kehittyessä

Johdanto

nopeasti kaikilla aloilla *dwaparan* aikakaudella toivon, ettei kirjan merkitys jää hämäräksi niille, joille se on tarkoitettu.

Lyhyt esitys *yugien* eli ajanjaksojen matemaattisesta määräämistavasta paljastaa tosiasian, että maailman nykyinen ajanjakso on *dwaparayuga* ja että nyt (vuonna 1894 jKr.) tuosta *yugasta* on kulunut 194 vuotta. Tämä on tuonut nopeaa kehitystä ihmisen tietämykseen.

Itämaisesta tähtitieteestä opimme, että kuut kiertävät planeettojaan ja että akselinsa ympäri pyörivät planeetat kiertävät kuineen aurinkoa. Aurinko puolestaan ottaa planeettoineen ja näiden kuineen jonkin tähden parikseen ja kiertää sen ympäri noin 24000 maapallomme vuodessa. Tämä taivaan ilmiö aiheuttaa päiväntasauskohtien taaksepäisen siirtymän eläinradalla. Auringolla on myös toinen liike, jolla se kiertää isoa keskusta. Keskusta kutsutaan nimellä *Vishnunabhi*. Se on luovan voiman, *Brahman*, universaalin magnetismin, tyyssija. *Brahma* säätelee *dharmaa*, sisäisen maailman sielullista voimaa.

Kun aurinko tulee parinsa ympäri kulkevalla radallaan kohtaan, joka on lähinnä isoa keskusta, *Brahman* tyyssijaa (tämä tapahtuu syyspäiväntasauksen sattuessa Oinaan ensimmäiseen kohtaan), *dharma*, sielullinen voima, kehittyy siihen mittaan, että ihmiset pystyvät helposti ymmärtämään kaiken, jopa Hengen salaisuudet.

20. vuosisadan alussa syyspäiväntasaus osuu Neitsyen tähdistön ja nousevan *dwaparayugan* var-

Pyhä tiede

haisemman vaiheen kohdalle.[3]

Kun aurinko 12000 vuoden päästä tulee radallaan kohtaan, joka on kauimpana *Brahmasta*, isosta keskuksesta (tämä tapahtuu syyspäiväntasauksen sattuessa Vaa'an ensimmäiseen kohtaan), sielullinen voima, *dharma*, joutuu niin heikkoon tilaan, etteivät ihmiset ymmärrä mitään karkean aineellisen luomakunnan ylittävää. Ja kun aurinko sitten alkaa kierroksellaan edetä lähemmäksi isoa keskusta, sielullinen voima, *dharma*, alkaa kehittyä. Tämä kasvu täydentyy asteittain 12000 vuoden kuluessa.

Kukin näistä 12000 vuoden jaksoista tuo mukanaan täydellisen muutoksen sekä ulkonaisesti aineelliseen maailmaan että sisäisesti älylliseen tai sähköiseen maailmaan. Yhtä 12000 vuoden jaksoa kutsutaan *daivayugaksi* eli sähköiseksi pariksi. Niinpä aurinko kiertää 24000 vuoden jaksollaan ratansa ympäri ja saa päätökseen yhden sähköisen syklin, joka koostuu 12000 vuoden nousevasta ja 12000 vuoden laskevasta kaaresta.

Sielullisen voiman, *dharman*, kehitys on asteittaista ja jakautuu neljään eri vaiheeseen 12000 vuoden kaudella. Sitä 1200 vuoden aikaa, jonka kuluessa aurinko matkaa 1/20 osan radastaan (ks. kaaviota), kutsutaan *kaliyugaksi*. *Dharma*, sielullinen voima, on silloin ensimmäisessä vaiheessaan ja on vain neljännekseltään kehittynyt. Ihmisäly ei tuolloin pysty ymmärtämään mitään tämän alati muut-

---

[3] Katso kaaviota sivulla 9.

Johdanto

KAAVIO

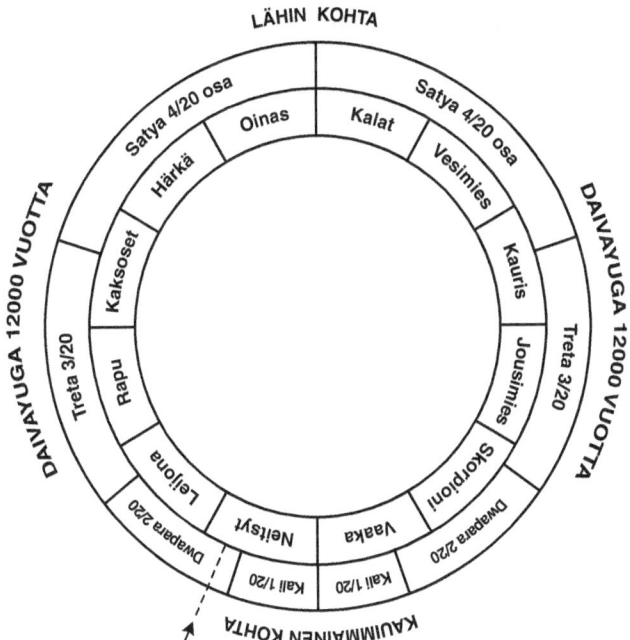

Neitsyen merkki on vastapäätä Kaloja. Syyspäiväntasaus osuu nykyisin Neitsyen kohdalle, joten syyspäiväntasaukselle vastakkainen kevätpäiväntasaus sattuu tätä nykyä Kalojen kohdalle. Länsimaiset metafyysikot, jotka pitävät kevätpäiväntasausta tärkeimpänä, sanovat näin ollen, että maailma on nyt Kalojen ajassa.

Päiväntasaukset siirtyvät tähtikuvioissa peräytyvästi; kun päiväntasaukset siirtyvät pois Kalat-Neitsyt-merkeistä, ne joutuvat Vesimies-Leijona-merkkeihin. Swami Sri Yukteswarin teorian mukaan maailma astui Kalat-Neitsyt-aikaan vuonna 499 jKr. ja tulee Vesimies-Leijona-aikaan kaksituhatta vuotta myöhemmin eli vuonna 2499 jKr. *(Julkaisijan huomautus)*

Pyhä tiede

tuvan luomakunnan, ulkoisen maailman, karkean aineellisuuden tuolla puolella olevaa.

Sitä 2400 vuoden aikaa, jonka kuluessa aurinko matkaa 2/20 osan radastaan, kutsutaan *dwaparayugaksi*. *Dharma*, sielullinen voima, on silloin toisessa vaiheessaan ja on vain puoliksi kehittynyt. Ihmisäly voi silloin ymmärtää hienoaineita eli sähköisyyksiä ja niiden ominaisuuksia, jotka ovat ulkonaisen maailman luovia käyttövoimia.

Sitä 3600 vuoden aikaa, jonka kuluessa aurinko kulkee 3/20 osan radastaan, kutsutaan *tretayugaksi*. *Dharma*, sielullinen voima, on silloin kolmannessa vaiheessaan. Ihmisäly tulee kykeneväksi ymmärtämään jumalallista magnetismia, kaikkien niiden sähköisten voimien lähdettä, johon luomakunta pohjaa olemassaolonsa.

Sitä 4800 vuoden aikaa, jonka kuluessa aurinko etenee jäljellä olevan 4/20 osan radastaan, kutsutaan *satyayugaksi*. *Dharma*, sielullinen voima, on silloin neljännessä vaiheessaan ja saavuttaa täyden kehityksensä. Ihminen pystyy oivaltamaan kaikkea, jopa tämän näkyvän maailman tuolla puolen olevaa Jumalaa, Henkeä.

Manu, *satyayugan* suuri *rishi* (valaistunut viisas), kuvaa näitä *yugia* selkeästi seuraavissa *Samhitansa* kohdissa:

चत्वार्याहुः सहस्राणि वर्षाणान्तु कृतं युगम् ।
तस्य तावच्छती सन्ध्यां सन्ध्यांशश्च तथाविधः ॥
इतरेषु ससन्ध्येषु ससन्ध्यांशेषु च त्रिषु ।

Johdanto

एकापायेन वर्तन्ते सहस्राणि शतानि च ॥
यदेतत् परिसंख्यातमादावेव चतुर्युगम् ।
एतद् द्वादशसाहस्रं देवानां युगमुच्यते ॥
दैविकानां युगानान्तु सहस्रं परिसंख्यया ।
ब्राह्ममेकमहर्ज्ञेयं तावती रात्रिरेव च ॥

[He sanovat, että *kritayugaa* (*satyayugaa* eli maailman "kultakautta") kestää neljätuhatta vuotta. Sen aamunkoitto kestää juuri yhtä monta sataa vuotta ja sen iltahämy saman verran (so. 400 + 4000 + 400 = 4800). Muina kolmena aikakautena ja niiden aamu- ja iltavaiheissa tuhannet ja sadat vähenevät yhdellä (so. 300 + 3000 + 300 = 3600 jne.). Tätä nelivaiheista, 12000 vuotta käsittävää jaksoa kutsutaan jumalten aikakaudeksi. Tuhannen jumalallisen aikakauden summa muodostaa yhden *Brahman* päivän, ja sen yö on samanpituinen.]

Satyayugan kausi on kestoltaan 4000 vuotta. Neljäsataa vuotta ennen ja jälkeen varsinaista *satyayugaa* ovat sen *sandhit* eli muutosvaiheet, jotka siis edeltävät ja seuraavat itse *satyayugaa*. *Satyayugan* kausi kestää näin ollen kaikkiaan 4800 vuotta. Muiden *yugien* ja *yugasandhien* keston laskemisessa on huomattava, että yksi numero on vähennettävä sekä tuhat- että sataluvuista verrattuna aina edellisen *yugan* ja sen *sandhien* kestoihin. Tätä sääntöä soveltaen käy ilmi, että *tretayugan* pituus on 3000 vuotta ja että sen *sandhit*, muutosvaiheet, jotka edeltävät ja seuraavat sitä, kestävät kumpikin 300 vuotta. Näin ollen *tretayugan* pituus on kaikkiaan 3600 vuotta.

Pyhä tiede

Dwaparayugan aika kestää 2000 vuotta ja 200-vuotisine ennen ja jälkeen olevine *sandheineen* kaikkiaan 2400 vuotta. *Kaliyugan* kesto on viimein 1000 vuotta ja 100-vuotisine ennen ja jälkeen olevine *sandheineen* kaikkiaan 1200 vuotta. Näiden neljän *yugan* kaikkien vaiheiden yhteisaika on täten 12000 vuotta. Se on yhden *daivayugan* eli sähköisen parin kesto. Kaksi paria eli 24000 vuotta muodostavat sähköisen syklin.

Vuodesta 11501 eKr., jolloin syyspäiväntasaus oli Oinaan ensimmäisessä kohdassa, aurinko alkoi siirtyä pois sijainnistaan, joka oli sen radalla lähimpänä suurta keskusta, ja eteni kohti kauimpana suuresta keskuksesta olevaa sijaintia. Samalla ihmisen älyllinen voima rupesi vähenemään. Niiden 4800 vuoden kuluessa, joina aurinko ehti siirtyä yhden *satya*-parin läpi eli 4/20 radastaan, ihmisen ymmärrys kadotti kerta kaikkiaan kykynsä käsittää hengellistä tietoa. Ja niiden 3600 seuraavan vuoden kuluessa, jotka auringolta vei siirtyä laskevan *tretayugan* läpi, ihmisymmärrys menetti asteittain kaiken kykynsä käsittää jumalallista magnetismia. Seuraavien 2400 vuoden kuluessa, jolloin aurinko kulki laskevan *dwaparayugan* läpi, inhimillinen ymmärrys kadotti kykynsä ymmärtää tietämystä sähköisyyksistä ja niiden ominaisuuksista. Sen jälkeen 1200 vuoden aikana aurinko kulki laskevan *kaliyugan* läpi ja saavutti ratansa kohdan, joka oli kauimpana suuresta keskuksesta. Tällöin syyspäiväntasaus oli Vaa'an ensimmäisessä kohdassa. Ihmisen ymmärrys oli niin kuihtunut, ettei se enää kyennyt käsittämään mitään karkean aineellisen luomakunnan tuolla puolella olevaa. Näin ol-

Johdanto

len vuoden 500 jKr. vaiheilla oli *kaliyugan* ja koko 24000 vuoden kierron pimein aika. Historia tosiaan vahvistaa näiden Intian muinaisten *rishien* tekemien laskelmien tarkkuuden ja kertoo tuona aikana kaikkien kansojen piirissä vallinneesta laajasta tietämättömyydestä ja kärsimyksestä.

Vuodesta 499 jKr. lähtien aurinko rupesi etenemään kohti suurta keskusta ja ihmisten ymmärrys alkoi asteittain kehittyä. Nousevan *kaliyugan* 1100 vuotta vievät meidät vuoteen 1599 jKr. Tuona kautena ihmisymmärrys oli niin karkea, ettei se pystynyt käsittämään sähköisyyksiä, *sukshmabhutaa*, luomakunnan hienoaineita. Yleisesti ottaen myöskään maailmanpolitiikassa ei ollut rauhaa missään valtakunnassa.

Kun tuon 1100 vuotta kestäneen kauden jälkeen alkoi *kaliyugan* 100-vuotinen *dwaparayugaan* johtava siirtymävaihe eli *sandhi*, ihmiset rupesivat havaitsemaan hienoaineiden olemassaoloa: *panchatanmatraa* eli sähköisyyksien ominaisuuksia. Tuolloin poliittinen rauha sai jo jalansijaa maailmassa.

William Gilbert löysi noin vuonna 1600 magneettiset voimat ja havaitsi sähköisyyden kaikissa aineellisissa materiaaleissa. Vuonna 1609 Kepler muotoili tärkeät astronomian lait, ja Galileo kehitteli kaukoputken. Hollantilainen Drebbel keksi vuonna 1621 mikroskoopin, ja Newton oivalsi painovoimalain noin vuonna 1670. Thomas Savery otti vuonna 1700 käyttöön höyrykoneen veden nostamisessa. Kaksikymmentä vuotta myöhemmin Stephen Gray löysi ihmiskehon sähköisen toiminnan.

Pyhä tiede

Poliittisessa maailmassa ihmiset alkoivat pitää arvossa itseään, ja sivistys levisi monin tavoin. Englanti yhdistyi Skotlannin kanssa ja kohosi voimakkaaksi valtioksi. Napoleon Bonaparte asetti Etelä-Euroopassa voimaan uuden lakikokoelmansa. Amerikka saavutti itsenäisyyden, ja monissa Euroopan osissa vallitsi rauha.

Tieteen edistyessä rautatiet ja lennätinlinjat alkoivat levitä maailmaan. Hienoaineet otettiin hyötykäyttöön höyrykoneiden, sähkömoottorien ja monien muiden laitteiden myötä, vaikkei niiden luonnetta selkeästi ymmärrettykään. *Dwaparasandhin* 200 vuoden muutoskauden päättyessä vuonna 1899 alkaa varsinainen 2000 vuotta kestävä *dwaparayuga*, jonka aikana ihmiskunta saavuttaa perinpohjaisen ymmärryksen sähköisyyksistä ja niiden ominaisuuksista.

Tällaista on maailmankaikkeutta hallitsevan ajan suuri vaikutus. Yksikään ihminen ei pysty voittamaan tuota vaikutusta, paitsi hän, josta tulee jumalallinen puhtaan rakkauden, luonnon taivaallisen lahjan, siunaamana. *Pranavan* pyhässä virrassa (eli *Aumin* pyhässä värähtelyssä) kastettuna hän käsittää Jumalan valtakunnan.

Hindulaisissa almanakoissa maailman nykyistä asemaa ei ole esitetty oikein; maailmahan on nyt (vuonna 1894 jKr.) *dwaparasandhin* kaudessa. Niillä astronomeilla ja astrologeilla, jotka laativat almanakat, oli ohjenuoranaan *kaliyugan* pimeän ajan sanskriittisten tutkijoiden (kuten Kulluka Bhattan) väärät selitykset. Siksi almanakoissa esitetään, että

Johdanto

kaliyugan kesto on 432000 vuotta, joista 4994 on (vuonna 1894 jKr.) kulunut ja 427006 vuotta on yhä jäljellä. Mikä pimeä tulevaisuuden näky! Onneksi se ei ole totta.

Virhe pujahti almanakkoihin ensimmäisen kerran Rajah Parikshitin hallituskaudella, heti viimeisen laskevan *dwaparayugan* päättymisen jälkeen. Pannessaan merkille pimeän *kaliyugan* lähestymisen maharadža Yudhisthira luovutti kruununsa pojan pojalleen, mainitulle Rajah Parikshitille. Maharadža Yudhisthira vetäytyi yhdessä hovinsa kaikkien viisaiden kanssa Himalajan vuorille, maailman paratiisiin. Niinpä Rajah Parikshitin hovissa ei ollut ketään, joka olisi ymmärtänyt eri *yugien* oikean laskemisen periaatteet.

Kun meneillään olleen *dwaparayugan* 2400 vuotta olivat kuluneet loppuun, kukaan ei rohjennut tehdä pimeän *kaliyugan* esiin tuloa selkeäksi alkamalla laskea sen ensimmäisestä vuodesta lähtien ja panemalla samalla pisteen *dwaparayugan* vuosille.

Väärän laskemistavan takia *kaliyugan* ensimmäinen vuosi merkittiin tuolloin *dwaparayugan* vuodeksi 2401. Kun sitten laskevan *kaliyugan* 1200-vuotinen kausi oli oikeasti päättynyt vuonna 499 jKr., ja aurinko oli saavuttanut radallaan kauimpana suuresta keskuksesta sijaitsevan kohtansa ja oli pimein *kali*-aika (syyspäiväntasaus oli Vaa'an ensimmäisessä kohdassa), vuodeksi merkittiin 3600, vaikka olisi pitänyt merkitä 1200.

Nousevan *kaliyugan* alun myötä, vuoden 499 jälkeen, aurinko lähti etenemään radallaan lähem-

Pyhä tiede

mäs suurta keskusta. Ihmisen älyllinen voima rupesi vastaavasti kehittymään. Tämän ansiosta tuon ajan viisaat alkoivat havaita virheen almanakoissa. He huomasivat, että muinaisten *rishien* laskelmat olivat määrittäneet yhden *kaliyugan* kaudeksi vain 1200 vuotta. Mutta koska näiden viisaiden ymmärrys ei ollut vielä riittävän kehittynyt, he kykenivät näkemään vain itse virheen mutta eivät syytä siihen. Yrittäessään ratkaista ongelmaa he kuvittelivat, että nuo 1200 vuotta, jotka muodostavat *kaliyugan* todellisen keston, eivät olleet meidän maailmamme tavallisia vuosia vaan tuo määrä *daiva*-vuosia ("jumalten vuosia"). Nämä koostuivat kahdestatoista *daiva*-kuukaudesta, joissa kussakin oli kolmekymmentä *daiva*-päivää, ja jokainen *daiva*-päivä vastasi yhtä tavallista meidän maailmamme aurinkovuotta. Niinpä näiden miesten mukaan 1200 *kaliyugan* vuotta täytyi vastata 432000 maanpäällistä vuotta.

Päästäksemme oikeaan lopputulokseen meidän pitää kuitenkin ottaa huomioon kevätpäiväntasauksen asema vuoden 1894 keväällä.

Astronomiset tietokirjat osoittavat kevätpäiväntasauksen olevan nyt 20°54'36":n etäisyydellä Oinaan ensimmäisestä kohdasta (kiintotähti Revatista). Laskelma paljastaa, että 1394 vuotta on kulunut ajasta, jolloin kevätpäiväntasaus alkoi etääntyä Oinaan ensimmäisestä kohdasta.

Vähentämällä 1200 vuotta (viimeisen nousevan *kaliyugan* pituus) 1394 vuodesta saamme 194, joka ilmoittaa nykyisen vuoden ja osoittaa, että olemme jo saapuneet nousevaan *dwaparayugaan*. Vanhojen

Johdanto

almanakkojen virhe tulee täten selkeästi selitetyksi, kun lisäämme 3600 vuotta 1394 vuoden jaksoon ja saamme tulokseksi 4994 vuotta – mikä vallalla olevan virheellisen teorian mukaan edustaa hindulaisissa almanakoissa nykyistä vuotta (1894 jKr.).

[Lukija näkee tämän kirjan kaaviosta, että syyspäiväntasaus on nyt (vuonna 1894) Neitsyen tähtikuvion ja nousevan *dwaparayugan* kohdalla.]

Tässä kirjassa on mainittu joitakin totuuksia, vaikka nykytiede ei ole niitä vielä täysin löytänyt. Näitä ovat magnetismin ominaisuudet, sen aurat, erilaatuiset sähköisyydet jne. Viisi sähköisyyden lajia voidaan kuitenkin helposti ymmärtää, jos suunnataan huomio hermoston ominaisuuksiin, jotka ovat luonteeltaan puhtaasti sähköisiä. Kullakin viidellä aistinhermolla on luonteenomainen ja ainutlaatuinen toimintatapansa. Näköhermo johtaa valoa eikä suorita kuulo- ja muiden hermojen tehtäviä. Kuulohermo puolestaan siirtää vain ääntä, suorittamatta muiden hermojen tehtäviä, ja niin edelleen. On siis selvää, että on olemassa viidenlaatuista sähköisyyttä vastaten viittä kosmisen sähköisyyden ominaisuutta.

Mitä tulee magnetismin ominaisuuksiin, ihmisälyn käsityskyky on nykyisellään niin rajoittunut, että olisi aivan hyödytöntä yrittää tehdä asiaa ymmärrettäväksi suurelle yleisölle. Ihmisäly tulee tajuamaan jumalallisen magnetismin ominaisuudet *tretayugan* aikana (seuraava *tretayuga* alkaa vuonna 4099 jKr.). Jo nyt tosin elää poikkeuksellisia ihmisiä, jotka ajan vaikutuksen voitettuaan pystyvät kä-

Pyhä tiede

sittämään sellaista, mitä tavalliset ihmiset eivät vielä kykene tajuamaan. Tämä kirja ei kuitenkaan ole noita jalostuneita varten, jotka eivät edes tarvitse siitä mitään.

Johdantomme päätteeksi voimme panna merkille, että eri planeetat vaikuttavat viikonpäiviin ja ovat lainanneet nimensä vastaaville päiville. Samoin eri tähtikuviot ovat vaikuttaneet kuukausiin ja lainanneet nimensä hindulaisille kuukausille. Kullakin suurella *yugalla* on paljon vaikutusta sen kattamaan ajanjaksoon. Niinpä ajankohtia olisi suositeltavaa merkitä tavalla, joka ilmaisisi, mihin *yugaan* ne kuuluvat.

Koska *yugat* lasketaan päiväntasauksen aseman perusteella, vuosien numerointimenetelmä asianomaiseen *yugaan* suhteutettuna nojaa tieteelliseen periaatteeseen. Tällainen ajankohtien ilmaiseminen poistaisi paljon hankaluutta, joka on syntynyt menneisyydessä, kun aikakaudet yhdistettiin ylhäisiin henkilöihin eikä kiintotähtien taivaallisiin ilmiöihin. Niinpä ehdotamme nimeämään ja numeroimaan tämän vuoden, jona käsillä oleva johdanto on kirjoitettu, *dwaparayugan* vuodeksi 194 vuoden 1894 jKr. asemesta; näin saamme ilmaistua parastaikaa kuluvan *yugan* ja ajankohdan täsmällisen sijainnin siinä. Tämä laskutapa oli vallitsevana Intiassa aina Rajah Vikramadityan hallitusaikaan saakka, jolloin *samvat*-kausi otettiin käyttöön. Koska *yuga*-menetelmä vetoaa järkeen, noudatamme sitä ja suosittelemme, että sitä noudatettaisiin yleisestikin.

Kun pimeä *kali*-aika on kauan sitten päättynyt tänä 149. *dwaparayugan* vuonna, maailma on tavoit-

Johdanto

telemassa hengellistä tietämystä ja ihmiset kaipaavat toistensa rakastavaa apua. Pyhä *paramguru maharajini* Babaji pyysi minua julkaisemaan tämän kirjan. Toivon sen koituvan hengelliseksi hyödyksi.

Swami Sri Yukteswar Giri

Serampore, Länsi-Bengali
26. falgun, 194 dwapara
(1894 jKr.)

कैवल्यदर्शनम्

LUKU 1

वेदः **EVANKELIUMI**

SUTRA 1

नित्यं पूर्णमनाद्यनन्तं ब्रह्म परम् ।
तदेवैकमेवाद्वैतं सत् ॥ ९ ॥

Parambrahma (Henki tai Jumala) on ikuisesti olemassa, täydellinen, ilman alkua ja loppua, yksi ja jakamaton Tosiolevainen.[1]

Ikuinen Isä, Jumala, *Swami Parambrahma,* on ainut Todellinen Substanssi, *Sat,* ja universumissa kaikki kaikessa.

Miksi Jumala ei ole tajuttavissa. Ihmisellä on ikuista uskoa: hän uskoo intuitiivisesti sen Substanssin olemassaoloon, jonka pelkkiä ominaisuuksia aistimuskohteet ovat. Aistimuskohteet ovat näkyvän maailman osatekijöitä, ja niitä koemme kuulo-, kosketus-, näkö-, maku- ja hajuaistimme avulla. Koska ihminen samastuu aineelliseen kehoonsa, joka koostuu mainitunlaisista ominaisuuksista, hän pystyy käsittämään epätäydellisten elintensä turvin vain omi-

---

[1] Swami Sri Yukteswarji esitti nämä *sutrat* (ohjenuorat) vain sanskritinkielisinä versioina, jotka on painettu myös tähän kirjaan. Käännökset ovat Self-Realization Fellowshipin. (*Julkaisijan huomautus*)

Pyhä tiede

naisuuksia eikä sitä Substanssia, johon ominaisuudet kuuluvat. Ikuinen Isä, Jumala, on universumin ainut Substanssi, eikä Hän niin ollen ole aineellisen maailman ihmisen tajuttavissa – ellei ihmisestä tule jumalallinen, niin että hän kohottaa itsensä pimeyden eli *mayan* luomakunnan yläpuolelle. Katso Kirje heprealaisille 11:1 ja Evankeliumi Johanneksen mukaan 8:28.

> "Mutta usko on luja luottamus siihen, mitä toivotaan, ojentautuminen sen mukaan, mikä ei näy."

> "Niin Jeesus sanoi heille: 'Kun olette ylentäneet Ihmisen Pojan, silloin te ymmärrätte, että minä olen se, joka minä olen – –.'"

SUTRA 2

तत्र सर्वज्ञप्रेमबीजञ्चित् सर्वशक्तिबीजमानन्दश्च ॥ २ ॥

Se (Parambrahma) on kaiken tiedon ja rakkauden lähde, kaiken voiman ja ilon alkujuuri.

Prakriti **eli Jumalan Luonto.** Kaikkivaltias Voima, *Shakti* – eli toisilla sanoilla Ikuinen Ilo, *Ananda* – joka synnyttää maailman, sekä Kaikkitietävä Tunne, *Chit*, joka tekee tästä maailmasta tietoisen, ilmaisevat Isän Jumalan Luontoa, *Prakritia*.

Miten Jumala on tajuttavissa. Ihminen voi tajuta itsessään edellä mainitut Voiman ja Tunteen suuntaamalla huomionsa sisäänpäin, sillä ihminen on Jumalan kuva. Voima ja Tunne ovat ihmisen Itsen ainoat ominaisuudet. Kaikkivaltias Voima on ihmi-

sessä tahtona – tämä on *vasana* – johon kuuluu ilo
(bhoga). Kaikkitietävä Tunne on ihmisessä tietoisuutena – tämä on *chetana* – joka iloitsee *(bhokta)*. Katso Ensimmäinen Mooseksen kirja 1:27.

"Ja Jumala loi ihmisen omaksi kuvaksensa, Jumalan kuvaksi hän hänet loi; mieheksi ja naiseksi hän loi heidät."

SUTRA 3

तत्सर्वशक्तिबीजजडप्रकृतिवासनाया व्यक्तभावः ।
प्रणवशब्दः दिक्कालाणवोऽपि तस्य रूपाणि ॥ ३ ॥

Parambrahma saa ilmaantumaan luomakunnan, Luonnon *(Prakritin)* jähmeässä muodossa. *Aum'ista* (joka on *Pranava*, Sana, Kaikkivaltiaan Voiman ilmaus) tulee *kala* eli aika, *desa* eli tila ja *anu* eli atomi (joka on luomakunnan värähtelevä rakenne).

Sana, Aamen *(Aum)*, on luomakunnan alku. Kaikkivaltiaan Voiman ilmaus on värähtelyä, joka tulee esiin luonteenomaisena äänenä; tuo ääni on Sana, Aamen, *Aum*. (Kaikkivaltiaaseen voimaan kuuluu poistovoima ja sitä täydentävä vetovoima, joka on Kaikkitietävä Tunne, Rakkaus.) *Aum* ilmentää eri tavoin muutoksen ideaa, niin että Koskaan Muuttumattomaan voi syntyä aika, *kala*, ja Koskaan Jakamattomaan voi syntyä tila, *desa*.

Neljä ideaa: Sana, aika, tila ja atomi. Samalla syntyy idea hiukkasista, lukemattomista atomeista *(patra* eli *anu)*. Nämä neljä – Sana, aika, tila ja atomi – ovat siten yhtä ja samaa ja pohjimmiltaan vain pelkkiä ideoita.

Pyhä tiede

Sanan ilmentyminen (jolloin Sana tulee lihaksi, ulkoiseksi aineellisuudeksi) luo näkyvän maailman. Koska Sana, Aamen, *Aum,* on Kaikkivaltiaan Isän Ikuisen Luonnon ilmentymä eli Hänen Oman Itsensä ilmentymä, Sana, Aamen, *Aum,* on erottamaton Jumalasta ja sama kuin Jumala. Vastaavalla tavalla polttovoimaa ei voida erottaa itse tulesta. Katso Johanneksen ilmestys 3:14 ja Evankeliumi Johanneksen mukaan 1:1, 3, 14.

> """Näin sanoo Amen, se uskollinen ja totinen todistaja, Jumalan luomakunnan alku – –."
>
> "Alussa oli Sana, ja Sana oli Jumalan tykönä, ja Sana oli Jumala. – – Kaikki on saanut syntynsä hänen kauttaan, ja ilman häntä ei ole syntynyt mitään, mikä syntynyt on. – – Ja Sana tuli lihaksi ja asui meidän keskellämme – –."

SUTRA 4

तदेव जगत्कारणं माया ईश्वरस्य, तस्य व्यष्टिरविद्या ॥ ४ ॥

Luomakunnan syynä on *anu* eli atomit. Yhtenäisenä joukkona niitä kutsutaan nimellä *maya* eli Herran illusorinen voima. Kutakin yksittäistä *anua* kutsutaan *avidyaksi* eli tietämättömyydeksi.

Atomit ovat Luovan Hengen valtaistuin. Nämä atomit, jotka edustavat sisäisesti ja ulkoisesti neljää edellä mainittua ideaa, ovat Hengen – Luojan – valtaistuin. Kun Henki säteilee niihin, se luo tämän maailmankaikkeuden. Atomeja kutsutaan suurin joukoin *mayaksi*, pimeydeksi, koska ne estävät Hengen valoa tulemasta tajuttavaksi. Kutakin niistä kutsutaan yksittäin *avidyaksi,* tietämättömyydeksi, koska se tekee ihmisen tietämättömäksi jopa omasta Itsestään. Niinpä edellä mainitut neljä ideaa, jotka nostattavat kaiken tuon sekavuuden, esitetään Raamatussa neljänä pedonkaltaisena olentona. Niin kauan kuin ihminen samastuu karkeaan aineelliseen kehoonsa, hänen tilansa on paljon alhaisempi kuin neliosaisen alkuperäisen atomin, eikä hän pysty tajuamaan tuota atomia. Mutta kun ihminen kohottautuu sen tasolle, hän tajuaa tämän atomin sisäisesti ja ulkoisesti samoin kuin sekä ilmenneen että ilmentymättömän (so. "edessä ja takana" olevan) luomakunnan. Katso Johanneksen ilmestys 4:6.

"– – ja valtaistuimen keskellä ja valtaistuimen ympärillä oli neljä olentoa, edestä ja takaa silmiä täynnä."

SUTRA 5

तत्सर्वज्ञप्रेमबीजं परं तदेव कूटस्थचैतन्यम् ।

पुरुषोत्तमः तस्याभासः पुरुषः तस्मादभेदः । ५ ।

Parambrahman aspekti, Kaikkitietävä Rakkaus, on nimeltään *Kutastha Chaitanya*. Yksilöllinen Itse on sen ilmentymä ja yhtä sen kanssa.

Kutastha Chaitanya, **Pyhä Henki,** *Purushottama. Premabijam Chitin* (vetovoiman, Kaikkitietävän Rakkauden) ilmentymä on Elämä, joka on kaikkialla läsnä oleva Pyhä Henki, *Kutastha Chaitanya* eli *Purushottama.* Se säteilee pimeyteen, *mayaan,* vetääkseen sen kaikki osat kohti Jumaluutta. Mutta pimeys, *maya* – samoin

Pyhä tiede

kuin sen yksilölliset osat[2], jotka on edellä mainittu nimellä tietämättömyys, *avidya* – ei voi vastaanottaa tai käsittää Hengen Valoa, koska *maya* on perusluonteeltaan poistyöntävä, ja niin valo heijastuu siitä pois.

Abhasa Chaitanya eli Purusha, Jumalan Pojat. Pyhä Henki on Ikuisen Isän, Jumalan, Kaikkitietävän Luonnon ilmentymä. Se ei ole muuta olemusta kuin itse Jumala. Niinpä sen hengellisten säteiden heijastumia kutsutaan Jumalan Pojiksi – (*Abhasa Chaitanya* tai *Purusha*). Katso Evankeliumi Johanneksen mukaan 1:4, 5, 11.

> *"Hänessä oli elämä, ja elämä oli ihmisten valkeus. Ja valkeus loistaa pimeydessä, ja pimeys ei sitä käsittänyt."*

> *"Hän tuli omiensa tykö, ja hänen omansa eivät ottaneet häntä vastaan."*

SUTRA 6

चित्सकाशादणोर्महत्त्वं तच्चित्तम्, तत्रसदध्यवसायः ।
सत्त्वं बुद्धिः ततस्तद्विपरीतं मनः
चरमेऽभिमानोऽहंकारस्तदेव जीवः । ६ ।

Atomi muodostaa *Chitin* (universaalin tietoisuuden) vaikutuksesta *chittan* eli tyynen mielentilan, jota kutsutaan henkistyneenä *buddhiksi*, ymmärrykseksi. Tämän vastakohta on *manas* eli mieli. Mielessä asuu *jiva* eli sellainen minuuden tunto, jota leimaa *ahamkara*, ego. *Ahamkara*, ego, on idea erillisestä olemassaolosta.

---

[2] Eli sen läsnäolo jokaisessa ihmisessä.

Chitta, **sydän;** *ahamkara*, **ego, ihmisen poika.** Kun tämä atomi, *avidya,* tietämättömyys, on Universaalin Rakkauden, *Chitin,* Pyhän Hengen, vaikutuspiirissä, se henkistyy kuin rautajauhe magneettisessa aurassa. Tällöin se omaa tietoisuuden, tuntemisen voiman, ja sitä kutsutaan nimellä *mahat,* sydän, *chitta.* Tässä tilassa – tietoisuuden, tunteen voiman, omaavana – siinä syntyy idea minuuden erillisestä olemassaolosta, jota kutsutaan *ahamkaraksi,* egoksi, ihmisen pojaksi.

Buddhi **eli ymmärrys;** *manas* **eli mieli.** Tällä tavalla magnetisoituneena atomilla on kaksi napaa, joista toinen vetää kohti Tosi Substanssia, *Satia,* ja toinen karkottaa siitä. Edellistä napaa kutsutaan *sattvaksi* tai *buddhiksi,* ymmärrykseksi, joka päättää, mitä Totuus on. Jälkimmäinen on poistovoiman osanen ja edellä kerrotulla tavalla Kaikkivaltiaan voiman henkistämä ja se tuottaa ideaalimaailman nautintoa *(ananda)* varten. Tätä napaa kutsutaan *anandatwaksi* tai *manasiksi,* mieleksi.

SUTRAT 7–10

तदहंकारचित्तविकारपञ्चतत्त्चानि । ७ ।

तान्येव कारणशरीरं पुरुषस्य । ८ ।

तेषां त्रिगुणेभ्यः पञ्चदश विषयेन्द्रियाणि । ९ ।

एतानि मनोबुद्धिभ्यां सह सप्तदशसूक्ष्मांगानि ।

लिंगशरीरस्य । १० ।

Chittalla, henkistyneellä atomilla, jossa *ahamkara* (eli idea Itsen erillisestä olemassaolosta) syntyy,

Pyhä tiede

on viisi ilmenemismuotoa (eli aurasähköisyyttä).

Ne (viisi aurasähköisyyttä) muodostavat *Purushan* kausaalikehon.

Viidellä sähköisyydellä, *pancha tattwalla*, on kolme ominaisuutta, *gunaa: sattva* (positiivinen), *rajas* (neutralisoiva) ja *tamas* (negatiivinen). Niiden pohjalta ne tuottavat *jnanendriyat* (aistinelimet), *karmendriyat* (toiminnan elimet) ja *tanmatrat* (aistimisen kohteet).

Nämä viisitoista ominaisuutta sekä mieli ja ymmärrys muodostavat seitsemäntoista hienokehon eli *lingasariran* "hienoa jäsentä".

Pancha tattwat, **luomakunnan perussyyt, muodostavat kausaalikehon.** Tämä henkistynyt atomi, *chitta* (sydän), on ilmennyt poistovoiman takia, ja se synnyttää viidenlaatuista aurasähköisyyttä viidestä eri osastaan käsin: yhden keskeltä, kaksi kahdesta äärilaidasta ja muut kaksi keskustan ja molempien äärilaitojen välillä sijaitsevista tiloista. Kun Universaali Rakkaus (Pyhä Henki) vaikuttaa näihin viiteen sähköisyyteen, Tosi Substanssi, *Sat,* vetää niitä puoleensa ja ne tuottavat magneettikentän, jota kutsutaan *sattva buddhin* kehoksi, ymmärrykseksi. Nämä viisi sähköisyyttä ovat kaikkien muiden luotujen alkusyitä; siksi niitä kutsutaan viideksi perussyyksi, *pancha tattwa,* ja niitä pidetään *Purushan* eli Jumalan Pojan kausaalikehona.

VIEREISELLÄ SIVULLA: Tämän, julkaisijan valmistaman kaavion tarkoituksena on vain osoittaa erilaisten luomakunnan puolien kehityskulku. Sen ei ole tarkoitus kuvallistaa niiden tilallista suhdetta toisiinsa.

Evankeliumi

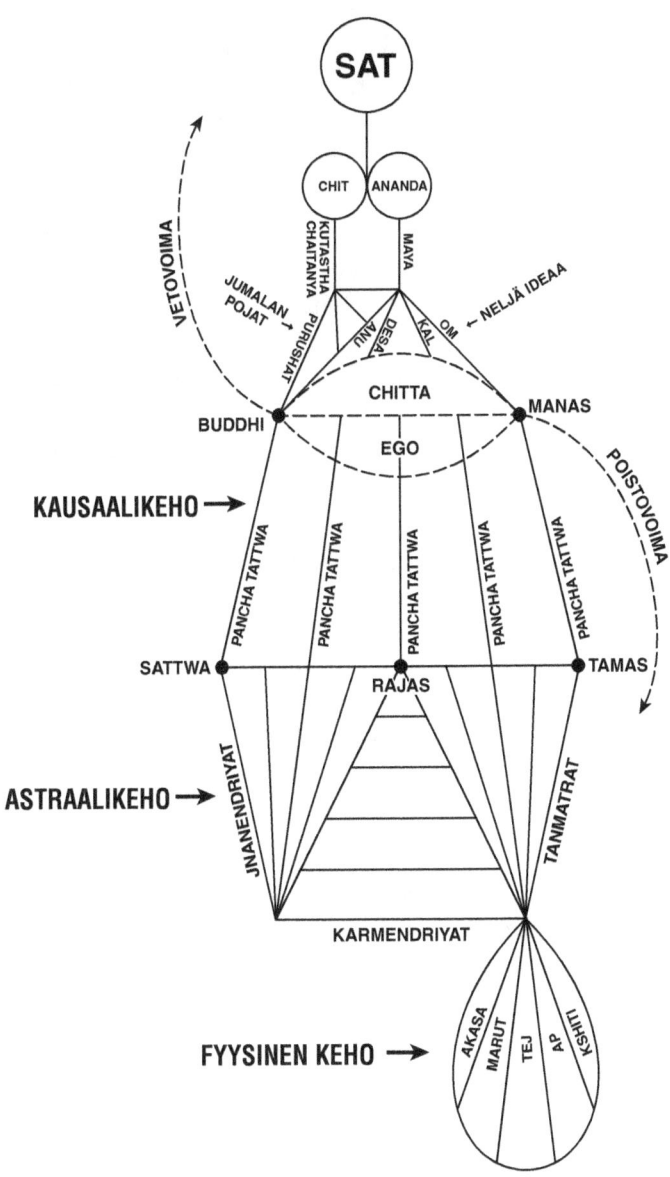

Pyhä tiede

Kolme *gunaa*, sähköistä ominaisuutta. Sähköisyydet ovat kehittyneet polarisoituneesta *chittasta*. Myös ne ovat polarisoituneessa tilassa ja varustetut sen kolmella ominaisuudella eli *gunalla*. Nämä ovat positiivinen *sattva*, negatiivinen *tamas* ja neutralisoiva *rajas*.

***Jnanendriyat*, viisi aistinelintä.** Viiden sähköisyyden positiiviset ominaisuudet ovat *jnanendriyoja*, aistinelimiä; aisteja ovat haju-, maku-, näkö-, tunto- ja kuuloaistit. Kun *manas* eli mieli, henkistyneen atomin vastakkainen napa, vaikuttaa aistinelimiin, ne muodostavat sen kehon.

***Karmendriyat*, viisi toiminnan välikappaletta.** Viiden sähköisyyden neutralisoivat ominaisuudet ovat *karmendriyoja*, toiminnan välikappaleita. Näitä ovat eritys- ja lisääntymistoiminnot, liike (jalat), kädentaidot (kädet) ja puhe. Nämä välikappaleet ovat henkistyneen atomin, *chittan* (sydämen), neutralisoivan energian ilmentymiä ja ne muodostavat energeettisen kehon, jota kutsutaan energiakehoksi, elämänvoimaksi eli *pranaksi*.

***Vishaya* eli *tanmatrat*, viisi aistien kohdetta.** Viiden sähköisyyden negatiiviset ominaisuudet ovat viisi *tanmatraa* eli aistien kohdetta: haju, maku, näky, tuntemus ja ääni. Ollessaan yhtyneinä aistinelimiin toiminnan välikappaleiden neutralisoivan voiman välityksellä ne tyydyttävät sydämen halut.

***Lingasarira*, hienoainekeho.** Nämä viisitoista ominaisuutta henkistyneen atomin kahden navan – mielen ja ymmärryksen – kanssa muodostavat *lingasariran* eli *sukshmasariran*, Jumalan Pojan, *Purushan*, hienoainekehon.

SUTRAT 11, 12

ततः पञ्चतत्त्वानां स्थितिशीलतामसिकविषयपञ्चतन्मात्राणां
पञ्चीकरणेन स्थूलशरीरस्यांगानि जडीभूतपञ्चक्षित्यप्तेजो
मरुद्व्योमान्युद्भूतानि । ११ ।

एतान्येव चतुर्विंशतिः तत्त्वानि । १२ ।

Edellä mainitut viisi kohdetta, jotka ovat viiden sähköisyyden negatiivisia ominaisuuksia, synnyttävät yhteen liittyneinä karkean aineen idean viisine muotoineen: *kshiti*, kiinteä aine, *ap*, neste, *tejas*, tuli, *marut*, kaasumaiset aineet, ja *akasha*, eetteri.

Nämä viisi karkean aineen muotoa ja edellä mainitut viisitoista ominaisuutta sekä *manas*, mieli eli aistitietoisuus; *buddhi* eli valikoiva ymmärrys; *chitta*, sydän eli tuntemisen kyky; ja *ahamkara* eli ego muodostavat kaksikymmentäneljä luomakunnan perusperiaatetta.

Karkea aineellinen keho. Edellä mainitut viisi kohdetta, jotka ovat viiden sähköisyyden negatiivisia ominaisuuksia, tuottavat yhdistyneinä ideat karkeasta aineesta. Se ilmentyy meille viidessä eri laadussa: *kshiti*, kiinteä aine, *ap*, neste, *tejas*, tuli, *marut*, kaasumaisuus ja *vyoma* eli *akasha*, eetterisyys. Nämä muodostavat *sthulasariraksi* kutsutun ulkokuoren, joka on *Purushan*, Jumalan Pojan, karkea aineellinen keho.

Kaksikymmentäneljä vanhinta. Nämä viisi karkeaa ainetta ja edellä mainitut viisitoista ominaisuutta muodostavat yhdessä *manasin* eli mielen, *buddhin* eli ymmärryksen, *chittan* eli sydämen ja *ahamkaran* eli egon kanssa kaksikymmentäneljä perusperiaa-

Pyhä tiede

tetta, Raamatussa mainitut kaksikymmentäneljä vanhinta. Katso Johanneksen ilmestys 4:4.

"Ja valtaistuimen ympärillä oli kaksikymmentä neljä valtaistuinta, ja niillä valtaistuimilla istui kaksikymmentä neljä vanhinta – –."

Mainitut kaksikymmentäneljä periaatetta, jotka täydentävät pimeyden eli *mayan* luomisen, eivät ole muuta kuin tietämättömyyden, *avidyan*, kehitystä. Ja koska tämä tietämättömyys koostuu vain ideoista, kuten yllä on esitetty, luomakunnalla ei todellisuudessa ole varsinaista olemassaoloa. Se on pelkkää Iankaikkisen Substanssin, Isän Jumalan, ideoiden leikkiä.

SUTRA 13

तत्रैव चतुर्दशभुवनानि व्याख्यातानि । १३ ।

Tämä maailmankaikkeus on eriytynyt neljääntoista tasoon: seitsemään *swargaan* ja seitsemään *patalaan*.

Seitsemän tasoa eli *swargaa*. Maailmankaikkeus saa siis alkunsa Ikuisesta Substanssista, Jumalasta, ja se kehittyy edellä kuvatulla tavalla karkeaksi aineelliseksi luomakunnaksi. Maailmankaikkeudessa erottuu seitsemän eri tasoa, *swargaa* eli *lokaa*.

7. taso, *satyaloka*. Näistä ylin on *satyaloka*, Jumalan taso – maailmankaikkeuden ainoan Tosi Olevaisen, *Satin*, taso. Sitä ei mikään nimi pysty kuvaamaan eikä liioin mikään pimeyden tai Valon luomakunnassa voi määrittää sitä. Niinpä tätä tasoa kutsutaankin *anamaksi*, nimettömäksi.

Evankeliumi

6. taso, *tapoloka*. Järjestyksessä seuraava on *tapoloka*, Pyhän Hengen, Ikuisen Kärsivällisyyden, taso; se pysyy ainaisesti minkään rajallisen käsitteen kajoamattomana. Koska jopa Jumalan Pojatkaan eivät voi sitä lähestyä, sitä kutsutaan *agamaksi*, luoksepääsemättömäksi.

5. taso, *janaloka*. Seuraavana on *janaloka*, Jumalan Poikien eli hengellisten heijastumien taso. Täältä on peräisin idea Itsen erillisestä olemassaolosta. Koska tämä taso on kaikkien pimeyden luomakunnan, *mayan*, piirissä olevien käsityskyvyn yläpuolella, sitä kutsutaan nimellä *alakshya*, käsittämätön.

4. taso, *maharloka*. Sitten tulee *maharloka*, atomin taso, pimeyden eli *mayan* luomakunnan alku. Henki heijastuu siihen. Tämä yhdistävä linkki on ainut tie hengellisen ja aineellisen luomakunnan välillä, ja sitä kutsutaan oveksi, *dasamadwaraksi*.

3. taso, *swarloka*. Tuon atomin ympärillä on *swarloka*, magneettisen auran, sähköisyyksien, taso. Koska tätä tasoa luonnehtii kaiken luodun poissaolo (jopa elinten ja niiden kohteiden, hienoaineellisten asioiden puuttuminen), sitä kutsutaan *mahasunyaksi*, suureksi tyhjiöksi.

2. taso, *bhuvarloka*. Seuraavana on *bhuvarloka*, sähköisten ominaisuuksien taso. Koska luomakunnan karkea aine on kokonaan poissa tältä tasolta ja sitä leimaa vain hienoaineiden olemassaolo, sitä kutsutaan *sunyaksi*, tyhjäksi tavallisuudeksi.

1. taso, *bhuloka*. Viimeinen ja matalin taso on *bhuloka*, karkean aineen luomakunnan taso, jonka kaikki aina näkevät.

Pyhä tiede

***Sapta patalat*, seitsemän seurakuntaa.** Koska Jumala loi ihmisen omaksi kuvakseen, ihmisen keho muistuttaa maailmankaikkeuden kuvaa. Myös ihmisen aineellisessa kehossa on seitsemän elintärkeää kohtaa eli *patalaa*. Kun ihminen kääntyy Itseensä päin ja edistyy oikealla tavalla, hän näkee Hengellisen Valon näissä kohdissa. Raamatussa nuo kohdat mainitaan seitsemänä seurakuntana, ja niissä nähdyt tähtivalot seitsemänä enkelinä. Katso Johanneksen ilmestys 1:12, 13, 16, 20.

"– – ja kääntyessäni minä näin seitsemän kultaista lampunjalkaa, ja lampunjalkain keskellä Ihmisen Pojan muotoisen – –."

"Ja hänellä oli oikeassa kädessään seitsemän tähteä – –."

"– – ne seitsemän tähteä ovat niiden seitsemän seurakunnan enkelit, ja ne seitsemän lampunjalkaa ovat ne seitsemän seurakuntaa."

14 *bhuvanaa* eli luomisen vaihetta. Yllä mainitut seitsemän tasoa eli *swargaa* ja seitsemän *patalaa* muodostavat neljätoista *bhuvanaa*, neljätoista erotettavissa olevaa luomisen vaihetta.

SUTRA 14

त एव पञ्च कोषाः पुरुषस्य । १४ ।

Purushaa **kattaa viisi *koshaa* eli suojusta.**

Viisi *koshaa* eli suojusta. *Purushaa*, Jumalan Poikaa, peittää viisi kuorta, joita kutsutaan *koshiksi* eli suojuksiksi.

Evankeliumi

Sydän, 1. kosha. Näistä viidestä ensimmäinen on sydän, *chitta,* atomi, joka koostuu neljästä aikaisemmin mainitusta ideasta. Se tuntee ja iloitsee ja on siten autuuden, *anandan,* tyyssija, joten sitä kutsutaan nimellä *anandamaya-kosha.*

Buddhi, 2. kosha. Toinen on magneettisen auran sähköisyydet, jotka ovat *buddhin,* ymmärryksen, ilmentymiä. Buddhi ratkaisee, mikä on totuus. Ollessaan täten tietämyksen, *jnanan,* tyyssija, tätä suojusta kutsutaan nimellä *jnanamaya-kosha.*

Manas, 3. kosha. Kolmas on *manasin* eli mielen keho, joka koostuu aistinelimistä, kuten yllä mainittiin. Sitä nimitetään *manomaya-koshaksi.*

Prana, 4. kosha. Neljäs on energiakeho, elämänvoima eli *prana,* joka koostuu toiminnan elimistä, kuten edellä on kuvattu. Niinpä sitä kutsutaan *pranamaya-koshaksi.*

Karkea aine, 5. kosha. Viides ja viimeisin suojus on karkea aine, atomin ulkokuori. *Annaksi,* ravinnoksi, tullessaan se kannattelee tätä näkyvää maailmaa ja on siten saanut nimen *annamaya-kosha.*

Rakkauden toiminta. Kun poistovoiman toiminta, joka on Kaikkivoivan Energian ilmentymä, on täten viety päätökseensä, vetovoima (eli sydämen sisimmän Kaikkivoipa Rakkaus) alkaa ilmentyä. Tämän Kaikkivoivan Rakkauden eli vetovoiman vaikutuksesta atomit alkavat vetäytyä toisiaan kohti. Ne lähentyvät lähentymistään toisiaan ottaen eetterisiä, kaasumaisia, tulisia, nestemäisiä ja kiinteitä muotoja.

Pyhä tiede

Eloton valtakunta. Niinpä tätä näkyvää maailmaa alkavat kaunistaa auringot, planeetat ja kuut, joita kutsumme luomakunnan elottomaksi valtakunnaksi.

Kasvikunta. Kun Jumalallisen Rakkauden toiminta edelleen voimistuu, *avidyan* kehitys alkaa heiketä. (*Avidya,* tietämättömyys, on pimeyden eli *mayan* hiukkanen, ja Kaikkivoivan Energian ilmentymä.) *Annamaya-kosha,* atomin karkean aineen ulkokuori, alkaa näin heiketä, ja *pranamaya-kosha* (*karmendriyojen,* toimintaelinten, muodostama suojus) alkaa toimia. Tässä orgaanisessa tilassa atomit liittyvät toisiinsa läheisemmin ja saavat ilmiasunsa kasvikuntana luomakunnassa.

Eläinkunta. Kun *pranamaya-kosha* vetäytyy pois, *manomaya-kosha* (*jnanendriyoista,* aistinelimistä, koostuva suojus) pääsee esille. Silloin atomit havaitsevat ulkonaisen maailman muodon ja vetäen muita, eriluontoisia atomeja puoleensa muodostavat kehoja, jotka ovat välttämättömiä nautinnon kokemiseen. Täten eläinkunta saa ilmiasunsa luomakunnassa.

Ihmiskunta. Kun *manomaya-kosha* vetäytyy pois, *jnanamaya-kosha* (sähköisyyksistä koostuva ymmärryksen keho) tulee esille. Atomi saavuttaa kyvyn päättää oikeasta ja väärästä ja tulee ihmiseksi, luomakunnan älylliseksi olennoksi.

***Devata* eli enkeli.** Kun ihminen jalostaa sydämessään jumalallista Henkeä eli Kaikkitietävää Rakkautta, hän kykenee vetämään pois tämän *jnanamaya-koshan.* Silloin sisimmäinen suojus, *chitta,* sydän (joka on muodostunut neljästä ideasta), pääsee ilmentymään. Ihmistä kutsutaan tällöin *deva-*

taksi eli luomakunnan enkeliksi.

Vapaa, *sannyasi*. Kun myös sydän eli sisimmäinen suojus on poistunut, ei ole enää mitään, joka pitäisi ihmisen tämän pimeyden, *mayan,* luomakunnan kahleissa. Silloin hänestä tulee vapaa, *sannyasi*, Jumalan Poika, ja hän pääsee Valon luomakuntaan.

SUTRAT 15, 16

स्थूलज्ञानक्रमात् सूक्ष्मविषयेन्द्रियज्ञानं स्वप्नवत् । १५ ।

तत्क्रमात् मनोबुद्धिज्ञानञ्चायातमिति परोक्षम् । १६ ।

Aivan samoin kuin herättyämme käsitämme uniemme kohteet aineettomiksi, myös valveilla tehdyt havainnot ovat epätodellisia. Ne ovat vain päätelmiä.

Uni- ja valvetilat. Kun ihminen vertailee valvetilassa karkeasta aineesta muodostamiaan käsityksiä unessa luomiinsa ideoihin, niiden samankaltaisuus johtaa hänet luontevasti päättelemään, ettei ulkoinen maailmakaan ole sitä miltä se näyttää.

Kun hän etsii lisäselityksiä, hän huomaa, että valvetilan mielikuvat eivät pohjimmaltaan ole muuta kuin pelkkiä ideoita, jotka ovat aiheutuneet viiden aistimuskohteen (eli sisäisen sähköisyyden negatiivisten ominaisuuksien) liittyessä viiteen aistinelimeen (eli sisäisen sähköisyyden positiivisiin ominaisuuksiin viiden toimintaelimen (eli sähköisyyksien neutralisoivien ominaisuuksien) välityksellä.

Mielen *(manasin)* toiminta vaikuttaa tähän liittymiseen, ja ymmärrys *(buddhi)* muodostaa siitä kä-

Pyhä tiede

sityksen eli ymmärtää sen. Niinpä onkin selvää, että kaikki käsitykset, joita ihminen muodostaa valvetilassaan, ovat vain otaksuttua eli *parokshajnanaa* – vain päätelmää.

SUTRA 17

ततः सद्गुरुलाभो भक्तियोगश्च तेनापरोक्षः । १७ ।

Tarvitsemme Gurun, Vapahtajan, joka herättää meidät *bhaktiin* (antaumukseen) ja Totuuden oivaltamiseen.

Kun ihminen löytää *Sat-gurunsa* eli Vapahtajansa. Kun ihminen tällä tavoin tajuaa *parokshajnanansa* (oikean päättelynsä) turvin ulkoisen maailman olemattomuuden, hän ymmärtää Johannes Kastajan asemaa. Tuo jumalallinen persoona todisti Valosta ja Kristuksesta sen jälkeen, kun hänen sydämensä rakkaus, Luonnon taivaallinen lahja, oli päässyt kehittymään.

Kuka tahansa edistynyt ja vilpitön etsijä on onnekas saadessaan sellaisen Jumalan kaltaisen henkilön seuraa, joka voi ystävällisesti asettua hänen hengelliseksi opastajakseen, *Sat-gurukseen* eli Vapahtajakseen. Noudattaessaan omistautuneesti näiden jumalallisten henkilöiden pyhiä opetuksia ihminen oppii suuntaamaan kaikki aistinelimensä sisäänpäin, niiden yhteiseen keskukseen; tämä on "sensorium", *trikuti* eli *sushumnadwara*, portti sisäiseen maailmaan. Tällöin hän kuulee Äänen, luonteenomaisen "kolkuttavan" äänen, [kosmisen värähtelyn, joka on] Sana, Aamen, *Aum.* Hän näkee myös Jumalan lähettämän loistavan *Radha*-kehon, joka on Raamatussa symboloitunut edelläkävijäksi eli Johannes Kastajaksi. Katso Johanneksen ilmestys 3:14, 20 ja Evankeliumi Johanneksen mukaan 1:6, 8, 23.

"*Näin sanoo Amen, se uskollinen ja totinen todistaja, Jumalan luomakunnan alku – –. Katso, minä seison ovella ja kolkutan; jos joku kuulee minun ääneni ja avaa oven, niin minä käyn hänen tykönsä sisälle ja aterioitsen hänen kanssaan, ja hän minun kanssani.*"

"*Oli mies, Jumalan lähettämä, hänen nimensä oli Johannes. – – Ei hän ollut se valkeus, mutta hän tuli valkeudesta todistamaan. – – Hän sanoi: 'Minä olen huutavan ääni erämaassa: Tehkää tie tasaiseksi Herralle – –.'*"

Ganges, Yamuna ja Jordan, pyhät virrat. Tämä luonteenomainen ääni purkautuu kuin korkealta tuntemattomalta seudulta tuleva virta, joka vajoaa karkean aineen maailmaan. Sen takia eri uskontokunnissa sitä on kuvaannollisesti kutsuttu jonkin pyhänä pidetyn joen nimellä; esimerkiksi hinduilla se on Ganges, vaishnavilla[3] Yamuna ja kristityillä Jordan[4].

Toinen syntymä. Valoa hohtavan kehonsa välityksellä ihminen, joka uskoo todellisen Valon – universumin Elämän – olemassaoloon, tulee kastetuksi eli sulautuneeksi Äänen pyhään virtaan. Kaste on niin sanotusti ihmisen toinen syntymä, ja sitä kut-

---

[3] Nämä ovat Vishnun, säilyttävän jumaluuden, palvojia.

[4] Matt. 3:13–17.

Pyhä tiede

sutaan *bhakti-*joogaksi [5], jota ilman ihminen ei voi tajuta todellista sisäistä maailmaa, Jumalan valtakuntaa. Katso Evankeliumi Johanneksen mukaan 1:9 ja 3:3.

"*Totinen valkeus, joka valistaa jokaisen ihmisen, oli tulossa maailmaan.*"

"*Totisesti, totisesti minä sanon sinulle: joka ei synny uudesti, ylhäältä, se ei voi nähdä Jumalan valtakuntaa.*"

Aparokshajnana, todellinen tajuaminen. Tässä tilassa ihmisen poika alkaa katua ja kääntyen takaisin karkean aineen maailmasta pyrkii kohti Jumaluuttaan, ikuista Substanssia, Jumalaa. Kun tietämättömyyden kehityskulut pysähtyvät, ihminen ymmärtää asteittain tämän pimeyden luomakunnan, *mayan,* todellisen luonteen: se on pelkkää Korkeimman Luonnon, ainoan todellisen Olevaisen omassa Itsessään tapahtuvaa ideoiden leikkiä. Tätä todellista tajuamista kutsutaan nimellä *aparokshajnana.*

SUTRA 18

यदात्मनः परमात्मनि दर्शनन्ततः कैवल्यम् । १८ ।

Vapautus *(kaivalya)* saavutetaan, kun tajutaan oman Itsen ykseys Universaalin Itsen, Korkeimman Todellisuuden, kanssa.

Sannyasi **eli Kristus, voideltu Vapahtaja.** Kun kaikki tietämättömyyden kehityskulut ovat päättyneet, sy-

---

[5] Yhteys Jumalaan Rakkauden eli Vetovoiman välityksellä, joka jatkuvasti vetää ihmistä Jumalan valtakuntaa kohti. *(Julkaisijan huomautus)*

Evankeliumi

dän on täydellisen seesteinen ja puhdistunut. Sydän ei enää pelkästään heijasta Hengellistä Valoa vaan aktiivisesti ilmentää sitä. Ollessaan täten vihitty ja voideltu ihminen tulee *sannyasiksi,* vapaaksi eli Kristus Vapahtajaksi.[6] Katso Evankeliumi Johanneksen mukaan 1:33.

"Se, jonka päälle sinä näet Hengen laskeutuvan ja jäävän, hän on se, joka kastaa Pyhällä Hengellä."

Kastettu Valon virrassa. Ihmisen poika tulee tämän Vapahtajan välityksellä kastetuksi eli sulautuneeksi Hengellisen Valon virtaan. Kohoten pimeyden, *mayan,* maailman yläpuolelle hän tulee yhdistetyksi *Abhasa Chaitanyaan* eli *Purushaan,* Jumalan Poikaan, kuten Nasaretin Herran Jeesuksen tapauksessa. Tässä tilassa ihminen on ikuisesti lunastettu pimeyden eli *mayan* kahleista. Katso Evankeliumi Johanneksen mukaan 1:12 ja 3:5.

"Mutta kaikille, jotka ottivat hänet vastaan, hän antoi voiman tulla Jumalan lapsiksi, niille, jotka uskovat hänen nimeensä – –."

"Totisesti, totisesti minä sanon sinulle: jos joku ei synny vedestä ja Hengestä, ei hän voi päästä sisälle Jumalan valtakuntaan."

Minuuden uhraaminen. Kun ihminen näin saapuu hengelliseen maailmaan ja tulee Jumalan Pojaksi,

---

[6] Hänestä tulee siis yhtä Kristus-tietoisuuden kanssa, joka on Ikuisen Isän Jumalan heijastunutta tietoisuutta luomakunnassa ja on läsnä sanassa *Aum,* Kosmisessa Värähtelyssä. Niinpä hän on vapautettu tai vapahdettu *mayan* pimeydestä, Isästä erossa olemisen harhasta. *(Julkaisijan huomautus)*

Pyhä tiede

hän tajuaa universaalin Valon – Pyhän Hengen – täydellisenä kokonaisuutena ja Itsensä pelkäksi *Aum*-valon sirpaleella lepääväksi ideaksi. Silloin hän uhraa itsensä Pyhälle Hengelle, Jumalan alttarille. Tämä merkitsee, että hän hylkää turhan ajatuksen erillisestä olemassaolosta ja tulee yhdeksi eheäksi kokonaisuudeksi.

Kaivalya, yhtyminen. Kun hän siis on yhtä Isän Jumalan universaalin Pyhän Hengen kanssa, hän yhtyy todelliseen Substanssiin, Jumalaan. Tätä Itsen yhdentymistä Ikuiseen Olevaiseen, Jumalaan, kutsutaan nimellä *kaivalya*[7]. Katso Johanneksen ilmestys 3:21.

"Joka voittaa, sen minä annan istua kanssani valtaistuimellani, niinkuin minäkin olen voittanut ja istunut Isäni kanssa hänen valtaistuimellensa."

---

[7] Kirjaimellisesti 'eristyneisyys', ehdoton itsenäisyys tai vapautus ykseydessä Jumalan kanssa. *(Julkaisijan huomautus)*

LUKU 2

अभीष्टम् । PÄÄMÄÄRÄ

SUTRA 1

अतो मुक्तिजिज्ञासा । १ ।

Näin ollen on olemassa vapautumisen kaipuu.

Vapautuminen, tärkein päämäärä. Kun ihminen vaikkapa päättelemällä käsittää tämän luomakunnan todellisen luonteen, maailman ja itsensä välisen todellisen suhteen, ja kun hän lisäksi ymmärtää, että pimeyden, *mayan*, vaikutus sokaisee hänet täydellisesti ja että yksin pimeyden kahleet saavat hänet unohtamaan todellisen Itsensä ja tuottavat kaikki hänen kärsimyksensä, hän luonnostaan toivoo olevansa vapaa kaikesta pahasta. Näin pahasta eli *mayan* kahleista vapautumisesta tulee hänen elämänsä tärkein päämäärä.

SUTRA 2

मुक्तिः स्वरूपेऽवस्थानम् । २ ।

Vapautuminen on *Purushan* (*jivan* eli sielun) vakiintumista todelliseen Itseen.

Vapautuminen on asettumista Itseen. Kun ihminen kohottaa itsensä pimeyden, *mayan*, luomakunnan idean yläpuolelle ja poistuu kokonaan sen vaikutuspiiristä, hän vapautuu kahleista ja on asettunut todelliseen Itseensä, Ikuiseen Henkeen.

Pyhä tiede

SUTRA 3

तदा सर्वक्लेशनिवृत्तिः परमार्थसिद्धिश्च । ३ ।

Silloin kaikki kärsimys päättyy ja saavutetaan lopullinen päämäärä (todellinen täyttymys, Jumala-oivallus).

Vapautuminen on pelastus. Saavuttaessaan tämän vapautuksen ihminen pelastuu kaikista vaikeuksistaan ja kaikki hänen sydämensä toiveet täyttyvät. Niinpä hänen elämänsä perimmäinen tavoite on täyttynyt.

SUTRA 4

इतरत्र अपूर्णकामजन्मजन्मान्तरव्यापि दुःखम् । ४ ।

Muutoin ihminen kokee syntymä syntymältä toteutumattomien halujen kurjuuden.

Miksi ihminen kärsii. Niin kauan kuin ihminen samastaa itsensä aineelliseen kehoonsa eikä onnistu löytämään lepoa todellisessa Itsessään, hänellä on tarpeita, sillä hänen sydämensä toiveet jäävät tyydyttämättömiksi. Niitä tyydyttääkseen hänen on ilmaannuttava usein lihaa ja verta olevana ihmisenä elämän näyttämölle pimeyden, *mayan*, vaikutuksen alle. Hänen on kärsittävä kaikki elämän ja kuoleman vaikeudet, ei ainoastaan nykyisyydessä vaan yhtä lailla tulevaisuudessa.

Päämäärä

SUTRAT 5, 6

क्लेशोऽविद्यामातृकः ॥ ५ ॥

भावेऽभावोऽभावे भाव इत्येवं बोधोऽविद्या ॥ ६ ॥

Vaikeudet syntyvät *avidyasta,* **tietämättömyydestä. Tietämättömyys tarkoittaa sen havaitsemista, mikä ei ole oikeasti olemassa, ja sen oivaltamatta jättämistä, mikä on oikeasti olemassa.**

Mitä tietämättömyys on? Tietämättömyys, *avidya,* on virheellinen käsitys, että se, mikä ei ole olemassa, olisi olemassa. Ihminen uskoo *avidyan* myötä, että tämä aineellinen luomakunta on ainut asia, joka perimmiltään on olemassa ja että sen tuolla puolen ei ole mitään. Silloin hän unohtaa, että tämä aineellinen luomakunta ei pohjimmiltaan ole muuta kuin aineellisen luomakunnan käsityskyvyn ulottumattomissa olevan Ikuisen Hengen, ainoan Tosi Substanssin, ideoiden leikkiä. Tietämättömyys on sekä ongelma sinänsä että ihmisen kaikkien vaikeuksien lähde.

SUTRAT 7–12

तदेवावरणविक्षेपशक्तिविशिष्टत्वात्
क्षेत्रमस्मिताभिनिवेशरागद्वेषाणाम् ॥ ७ ॥

तस्यावरणशक्तेरस्मिताभिनिवेशौ विक्षेपशक्तेश्च रागद्वेषौ ॥ ८ ॥

स्वामिशत्योर्विविक्तज्ञानमस्मिता ॥ ९ ॥

प्राकृतिकसंस्कारमात्रमभिनिवेशः ॥ १० ॥

Pyhä tiede

सुखकरविषयतृष्णा रागः | ११ |

दुःखकरविषयत्यागतृष्णा द्वेषः | १२ |

Avidyalla, tietämättömyydellä, on kahdenlaista voimaa, ja se ilmenee egoismina, takertuvana kiintymyksenä, inhona ja (sokeana) itsepintaisuutena.

Mayan pimentävä voima saa aikaan egoismia ja (sokeaa) itsepintaisuutta. *Mayan* kaksinapainen voima synnyttää takertuvaa kiintymystä (vetovoimaa) ja inhoa (torjuntaa).

Egoismi johtuu siitä, että ihminen ei osaa tehdä eroa fyysisen kehonsa ja todellisen Itsensä välille.

Itsepintaisuus on seurausta luonnollisesta ehdollistumasta (ihminen uskoo luonnon ja sen lakien olevan jotain lopullista sen sijaan, että uskoisi Sielun kaikkitoteuttaviin voimiin).

Takertuva kiintymys merkitsee mielihyvää tuottavien kohteiden janoamista.

Inho tarkoittaa halua päästä eroon kärsimystä tuottavista kohteista.

Tietämättömyys on kaikkien vaikeuksien lähde. Ymmärtääksemme, miten tietämättömyys on kaikkien vaikeuksien alkujuuri, meidän tulee muistaa (kuten edellisessä luvussa on selitetty), että tietämättömyys, *avidya*, on pimeyden eli *mayan* hiukkanen. Sellaisena sillä on kaksi *mayan* ominaisuutta. Toinen on pimentävä voima, jonka vaikutuksesta ihminen estyy tajuamasta mitään aineellisen luomakunnan ulkopuolella olevaa. Pimentävä voima synnyttää *asmitan* eli egoismin, Itsen samastamisen aineelliseen kehoon, vaikka tämä on ainoastaan atomin, eli universaalin

Päämäärä

voiman hiukkasten, kehitystulos. Pimentävä voima synnyttää myös *abhinivesan* eli sokean itsepintaisuuden, joka on jähmeää uskoa materiaalisen luomakunnan todellisuuteen ja lopulliseen arvoon.

Mayan toisen ominaisuuden turvin tietämättömyys eli *avidya* tuottaa kaksinapaisessa tilassaan vetovoimaa joihinkin kohteisiin ja torjuntaa joihinkin muihin. Puoleensa vetävät kohteet ovat mielihyvän aiheuttajia, ja niihin muodostuu kiinnittyminen, *raga*. Torjutut kohteet ovat kärsimystä tuottavia, ja niitä vastaan muodostuu inho, *dwesha*.

SUTRA 13

क्लेशमूलं कर्म तद्विपाक एव दुःखम् । १३ ।

Kärsimyksen alkusyy ovat itsekkäät teot, jotka (perustuessaan harhoihin) johtavat kurjuuteen.

Miksi ihminen on sidoksissa. Johtuen mainituista viidestä vaikeudesta – tietämättömyydestä, egoismista, takertuvasta kiintymyksestä, inhosta ja itsepintaisuudesta – ihmisellä on taipumus toimia itsekkäästi ja tämän seurauksena hän kärsii.

SUTRAT 14, 15

सर्वदुःखानां निवृत्तिरित्यर्थः । १४ ।

निवृत्तावप्यनुवृत्त्यभावः परमः । १५ ।

Ihmisenä olemisen tarkoitus on saavuttaa täydellinen vapaus kärsimyksestä.

Pyhä tiede

> Kun hän on päässyt vapaaksi kaikesta kärsimyksestä ilman sen paluun mahdollisuutta, hän on saavuttanut korkeimman päämäärän.

Sydämen perimmäinen tavoite. Ihmisen kaiken kärsimyksen loppuminen on *artha*, sydämen lähin tavoite. Kaikkien kärsimysten täydellinen juuriminen, niin että niiden uusiutuminen tulee mahdottomaksi, on *paramartha*, perimmäinen tavoite.

SUTRAT 16–21

सर्वकामपूर्णत्वे सर्वदुःखमूलक्लेशनिवृत्तिः तदा
परमार्थसिद्धिः । १६ ।
सच्चिदानन्दमयत्वप्राप्तिरिति स्थिरकामाः । १७ ।
सद्गुरुदत्तसाधनप्रभावात् चित्तस्य प्रसाद एवानन्दः । १८ ।
ततः सर्वदुःखानां हानन्तदा सर्वभावोदयश्चित् । १९ ।
तत आत्मनो नित्यत्वोपलब्धिः सत् । २० ।
तदेव स्वरूपं पुरुषस्य । २१ ।

Olemassaolo, tietoisuus ja autuus ovat (ihmissydämen) kolme kaipuuta.

Ananda, autuus, on sydämen tyydytystä, joka saavutetaan Vapahtajan, *Sat-gurun*, esittämin keinoin.

Chit, todellinen tietoisuus, tuo mukanaan kaikkien huolten täydellisen päättymisen ja kaikkien hyveiden heräämisen.

Sat, olemassaolo, saavutetaan oivaltamalla sielun pysyvyys.

Päämäärä

Nämä kolme ominaisuutta muodostavat ihmisen todellisen luonnon.

Kun kaikki toiveet ovat täyttyneet ja kaikki kurjuudet poistuneet, *paramarthan* (perimmäisen päämäärän) saavuttaminen on toteutunut.

Todelliset tarpeet. Ihminen kokee luonnostaan välttämättä tarpeellisiksi *Satin* eli Olemassaolon, *Chitin* eli Tietoisuuden ja *Anandan* eli Autuuden. Nämä kolme ovat ihmisen sydämen todellisia tarpeita, eikä niillä ole mitään tekemistä minkään Itsen ulkopuolella olevan kanssa. Ne ovat hänen oman luontonsa olennaisia ominaisuuksia, kuten edellisessä luvussa on selitetty.

Kuinka ihminen saavuttaa Autuuden. Kun ihmisellä on onni varmistaa jonkun jumalallisen henkilön, *Sat-gurun* (Vapahtajan), suosio, ja kun hän tämän pyhiä ohjeita omistautuneesti seuraten oppii suuntaamaan koko huomionsa sisäänpäin, hän pystyy tyydyttämään kaikki sydämensä tarpeet, ja saavuttaa täyttymyksen, *Anandan*, Tosi Autuuden.

Kuinka Tietoisuus ilmaantuu. Kun ihmisen sydän on näin tyydytetty, hän pystyy kiinnittämään huomionsa mihin tahansa, minkä valitsee, ja ymmärtää kaikki sen eri puolet. Niinpä hänessä tulee asteittain ilmi *Chit*, Tietoisuus Luonnon kaikista muunnoksista aina ensimmäiseen ja perustavaan ilmenemismuotoon, Sanaan (Aameniin eli *Aumiin*) asti, sekä Tietoisuus hänen omasta Todellisesta Itsestään. Kun ihminen on sulautuneena *Aumin* virtaan, hänet kastetaan ja hän alkaa katua ja palata kohti Jumaluuttaan, Ikuista Isää, josta on luopunut. Katso Johanneksen Ilmestys 2:5.

Pyhä tiede

> *"Muista siis, mistä olet langennut, ja tee parannus*
> *– –."*

Kuinka Olemassaolo oivalletaan. Kun ihminen on tietoinen omasta todellisesta asemastaan ja pimeyden eli *mayan* luomakunnan luonteesta, hän saa ehdottoman vallan pimeyden yli ja vetää vähitellen pois kaikki tietämättömyyden kehityskulut. Vapaana pimeyden luomakunnan määräysvallasta hän tajuaa oman Itsensä häviämättömänä ja ikuisesti olevana Todellisena Substanssina. Silloin *Sat*, Itsen Olemassaolo, pääsee valoon.

Kuinka sydämen päätavoite saavutetaan. Kun sydämen välttämättömyydet – *Sat* eli Olemassaolo, *Chit* eli Tietoisuus ja *Ananda* eli Autuus – on tavoitettu, tietämättömyys, kaiken pahan äiti, kuihtuu. Samalla kaikki tämän aineellisen maailman vaikeudet, jotka ovat kärsimysten alkujuuria, lakkaavat iäksi. Näin sydämen perimmäinen tavoite on saavutettu.

SUTRA 22

तदा सर्वकामपूर्णोपरमार्थसिद्धिकात् गुणानाम्प्रतिप्रसव

आत्मनः स्वरूपप्रतिष्ठा, तदेव कैवल्यम् । २२ ।

Kun ihmisen luonnon kaikki täyttymykset on saavutettu, hän ei vain heijasta jumalallista valoa vaan myös yhdistyy aktiivisesti Henkeen. Tämä tila on *kaivalya*, ykseys.

Kuinka ihminen löytää pelastuksen. Kun kaikki vält-

Päämäärä

tämättömät tarpeet on nyt täytetty ja perimmäinen päämäärä saavutettu, sydän tulee täydellisesti puhdistetuksi ja ilmentää aktiivisesti hengellistä valoa eikä ainoastaan heijasta sitä. Ihminen on tällöin Pyhän Hengen vihkimä eli voitelema, ja hänestä tulee Kristus, voideltu Vapahtaja. Saapuen Hengellisen Valon valtakuntaan hänestä tulee Jumalan Poika.

Tässä tilassa ihminen tajuaa Itsensä Universaalin Pyhän Hengen sirpaleeksi, ja hyläten ajatuksen erillisestä olemassaolostaan hän yhdistyy Ikuiseen Henkeen. Hänestä tulee yksi ja sama Isän Jumalan kanssa. Tämä Itsen yhdistyminen Jumalaan on *kaivalya*, ja se on luotujen olentojen perimmäinen päämäärä. Katso Evankeliumi Johanneksen mukaan 14:11.

"*Uskokaa minua, että minä olen Isässä, ja että Isä on minussa – –.*"

LUKU 3

साधनम् MENETELMÄ

SUTRAT 1-4

तपःस्वाध्यायब्रह्मनिधानानि यज्ञः । १ ।

मात्रास्पर्शेषु तितिक्षा तपः । २ ।

आत्मतत्त्वोपदेशश्रवणमनननिदिध्यासनमेव स्वाध्यायः । ३ ।

प्रणवशब्द एव पन्था ब्रह्मणः तस्मिन्
आत्मसमर्पणं ब्रह्मनिधानम् । ४ ।

Yajna, uhri, merkitsee katumusta (*tapas*), syvällistä opiskelua (*swadhyaya*) ja *Aumin* meditointia (*brahmanidhana*).

Katumus on kärsivällisyyttä eli tyyneyttä kaikissa olosuhteissa (sielun tasapainoisuutta keskellä perustavanlaatuisia *mayan* kahtalaisuuksia: kylmää ja kuumaa, tuskaa ja mielihyvää jne.).

Swadhyaya tarkoittaa hengellisen totuuden lukemista tai kuulemista, sen pohtimista ja tarkan käsityksen muodostamista siitä.

Pranavan, jumalallisen *Aum*-äänen, meditointi on ainoa tie *Brahmaniin* (Henkeen) eli vapautumiseen.

Kärsivällisyys, usko ja pyhä toiminta selitettyinä. *Tapas* on uskonnollista kuolettautumista eli kärsivällisyyttä sekä iloissa että suruissa. *Swadhyaya* on *sravanaa*, opiskelua, yhdistyneenä *mananaan*, syvälliseen tarkkaavaisuuteen; näistä seuraa *nididhyasana* eli ihminen muodostaa käsityksen todellisesta uskosta Itseen.

Pyhä tiede

Kyse on muun muassa seuraavanlaisista Itseä koskevista kysymyksistä: mitä minä olen, mistä minä tulin, minne olen menevä, mitä varten olen tullut tänne. *Brahmanidhana* on kaste eli Itsen uppoaminen Pyhän Äänen (*Pranavan, Aumin*) virtaan. Tämä on pyhää toimintaa, jota suoritetaan pelastuksen saavuttamiseksi. Ainoastaan tällä keinoin ihminen voi palata Jumaluuteensa, Iankaikkiseen Isään, josta hän on langennut. Katso Johanneksen ilmestys 2:19.

"Minä tiedän sinun tekosi ja rakkautesi ja uskosi ja palveluksesi ja kärsivällisyytesi ja että sinun viimeiset tekosi ovat useammat kuin ensimmäiset."

SUTRAT 5, 6

श्रद्धावीर्यस्मृतिसमाध्यनुष्ठानात् तस्याविर्भावः । ५ ।

स्वभावजप्रेम्णः वेगतीव्रता श्रद्धा । ६ ।

Aum tulee kuulluksi *sraddhan* (sydämen luontaisen rakkauden), *viryan* (moraalisen rohkeuden), *smritin* (oman jumaluuden muistamisen) ja *samadhin* (todellisen keskittymisen) avulla.

Sraddha on sydämen luontaisen rakkauden voimistuma.

Kuinka Pyhä Ääni ilmenee. Pyhä Ääni *Pranava Sabda* ilmenee spontaanisti *sraddhan* (sydämen luonnollisen rakkauden energeettisen taipumuksen), *viryan* (moraalisen rohkeuden), *smritin* (todellisen käsityskyvyn) ja *samadhin* (todellisen keskittymisen) viljelemisen avulla.

Menetelmä

Rakkauden hyve. Sydämen luonnollinen rakkaus on ensisijainen edellytys pyhän elämän saavuttamiseksi. Kun tämä rakkaus eli Luonnon taivaallinen lahja herää sydämessä, se poistaa ihmisen sisäisestä järjestelmästä kaiken levottomuuden ja tyynnyttää sen normaaliin tilaan. Tuo rakkaus virkistää elinvoimat ja hävittää kaikki vieraat haittatekijät – sairauksien siemenet – luonnollisilla tavoilla (hikoilulla ja niin edelleen). Se siis tekee ihmiskehon ja -mielen täysin terveeksi ja saa hänet ymmärtämään oikein Luonnon ohjausta.

Kun tämä rakkaus voimistuu ihmisessä, hän pystyy ymmärtämään oman Itsensä todellisen tilan ja myös muiden, ympärillä olevien, tilat.

Tämän syventyneen rakkauden myötä ihminen saa onnekseen Jumalan kaltaista seuraa pyhistä henkilöistä ja on ikuisesti pelastettu. Ilman tätä rakkautta ihminen ei voi elää luonnollisella tavalla eikä liioin pysty pitämään yhteyttä pyhään henkilöön oman hyvinvointinsa edistämiseksi. Päinvastoin, hän kiihottuu usein asiaankuulumattomista seikoista, jotka ovat päässeet hänen järjestelmäänsä koska hän on epäonnistunut Luonnon ohjauksen ymmärtämisessä, ja niin hän kärsii kehossaan ja mielessään. Hän ei kykene löytämään mistään rauhaa, ja hänen elämästään tulee taakka. Täten rakkauden, taivaallisen lahjan, kehittäminen on tärkein edellytys pyhän vapautumisen saavuttamiselle. Ilman sitä ihmisen on mahdotonta edetä askeltakaan hengellistä vapautumista kohti. Katso Johanneksen ilmestys 2:2–4.

Pyhä tiede

"Minä tiedän sinun tekosi ja vaivannäkösi ja kärsivällisyytesi, ja ettet voi pahoja sietää; sinä olet koetellut niitä, jotka sanovat itseänsä apostoleiksi, eivätkä ole, ja olet havainnut heidät valhettelijoiksi; ja sinulla on kärsivällisyyttä, ja paljon sinä olet saanut kantaa minun nimeni tähden, etkä ole uupunut. Mutta se minulla on sinua vastaan, että olet hyljännyt ensimmäisen rakkautesi."

SUTRAT 7, 8

श्रद्धासेवितसद्गुरोः स्वभावजोपदेशपालने वीर्यलाभः । ७ ।

सर्व एव गुरवः सन्तापहारकाः संशयच्छेदकाः शान्तिप्रदायकाः

सत् तत्संगः ब्रह्मवत् करणीयः, विपरीतमसत्

विषवद्वर्जनीयम् । ८ ।

Moraalinen rohkeus (*virya*) syntyy *sraddhasta*, rakkauden suuntaamisesta guruun, ja gurun antamien ohjeiden omistautuvasta noudattamisesta.

Ne, jotka poistavat vaikeutemme, karkottavat epäilyksemme ja antavat rauhaa, ovat todellisia opettajia. He suorittavat jumalallista työtä. Heidän vastakohtansa (ne, jotka lisäävät epäilyksiämme ja vaikeuksiamme) ovat meille haitaksi, ja heitä meidän tulisi karttaa kuin myrkkyä.

Kuten edellisessä luvussa selitettiin, tämä luomakunta on pohjimmiltaan vain Luonnon idealeikkiä ainoassa Todellisessa Substanssissa, Jumalassa, Ikuisessa Isässä, joka on tämän maailmankaikkeuden Korkein Guru. Mikään tässä luomakunnassa ei näin ollen ole muuta substanssia kuin tämä Guru, Kaikkivaltias Isä, Itse Jumala, jonka näemme moni-

Menetelmä

naisena Luonnon leikin loputtomissa muodoissa. Katso Evankeliumi Johanneksen mukaan 10:34 ja Psalmi 82:6.

"Jeesus vastasi heille: 'Eikö teidän laissanne ole kirjoitettuna: Minä sanoin: te olette jumalia.'?"

"Minä sanon: Te olette jumalia ja kaikki tyynni Korkeimman poikia– –."

Se elottoman tai elollisen luomakunnan osa – olkoon kuinka vähäpätöinen tahansa – joka vapauttaa meitä kurjuudestamme ja epäilyksistämme, ansaitsee mitä suurimman kunnioituksemme. Vaikka se olisi joidenkin mielestä halveksivan ylenkatseen kohde, se tulisi hyväksyä *Satina* (Vapahtajana) ja sen seura jumalallisena. Sitä mikä synnyttää päinvastaisia tuloksia tuhoten rauhamme, suistaen meidät epäilyksiin ja luoden kurjuutemme, tulisi pitää *asatina,* kaiken hyvän kirouksena, ja sitä tulisi sellaisena karttaa. Intialaisilla viisailla on sanonta:

अप्सु देवो मनुष्याणां दिवि देवो मनीषिणाम् ।

काष्ठलोष्ट्रेषु मूर्खाणां युक्तस्यात्मनि देवता ॥

[Joidenkin mielestä jumalat ovat olemassa vedessä (so. luonnon elementeissä), kun taas oppineet katsovat heidän olevan taivaassa (astraalimaailmassa). Tyhmät etsivät heitä puista ja kivistä (so. kuvista tai vertauskuvista), mutta joogi oivaltaa Jumalan oman Itsensä pyhäkössä.]

Pelastuksen saavuttaakseen ihmiset valitsevat Vapahtajakseen kohteita, joita pystyvät ymmärtämään oman kehitysvaiheensa pohjalta. Niinpä ih-

Pyhä tiede

miset yleensä pitävät sairautta kauheana onnettomuutena. Ja kun vedellä on oikein käytettynä taipumus poistaa sairautta, tietämättömät ihmiset saattavat valita jumalakseen itse veden.

Filosofit pystyvät ymmärtämään sisimmässään loistavan sähköisen Valon. He huomaavat sydämensä rakkauden virtaavan energeettisesti kohti Valoa, joka poistaa heiltä kiihtymyksen aiheet, tyynnyttää heidän järjestelmänsä normaalille tasolle ja elähdyttäen heidän elinvoimansa tekee heistä täysin terveitä sekä ruumiillisesti että mieleltään. Niinpä he hyväksyvät tämän Valon Jumalakseen eli Vapahtajakseen.

Tietämättömät saattavat sokeassa uskossaan hyväksyä Vapahtajakseen tai Jumalakseen ulkoisen maailman puupalasen tai kiven, jota kohti heidän sydämensä luontainen rakkaus suuntautuu, kunnes tuo energeettinen pyrkimys poistaa heiltä hermostuksen aiheet, tyynnyttää heidän järjestelmänsä normaalille tasolle ja elähdyttää heidän elinvoimansa. Hengelliseen elämään perehtyneet sen sijaan hallitsevat täysin koko materiaalista maailmaa ja löytävät Jumalansa eli Vapahtajansa Itsestä eivätkä ulkopuolelta, ulkoisesta maailmasta.

Suhtaudu Guruun syvästi rakastaen. Gurun seurassa oleminen ei tarkoita pelkästään hänen fyysisessä seurassaan olemista (koska tämä on joskus mahdotonta) vaan ennen kaikkea hänen muistamistaan sydämissämme ja olemista hänen kanssaan periaatteessa, hänen tietoisuuteensa virittyneinä.

Lordi Bacon selitti: "Väkijoukko ei ole seuraa, vaan pelkkä kasvogalleria." Niinpä Gurun kanssa

Menetelmä

seurusteluun kuuluu hänen kokemisensa sydämen syvällä rakkaudella, *sraddhalla,* josta edellä on ollut puhe. Myös hänen ilmiasunsa ja ominaisuutensa tulee säilyttää tarkoin mielessä; niihin tulee syventyä ja hänen ohjeitaan pitää seurata omistautuneesti, ikään kuin lammasmaisesti. Katso Evankeliumi Johanneksen mukaan 1:29.

"Katso: Jumalan Karitsa, joka ottaa pois maailman synnin!"

Kun ihminen toimii näin ja pystyy tajuamaan pyhien henkilöiden ylevän tilan, hän voi olla niin onnekas, että saa olla heidän seurassaan vastaanottaen apua joltain heistä, jonka valitsee Hengelliseksi Opastajakseen, *Sat-gurukseen,* Vapahtajakseen.

Virya eli moraalinen rohkeus on siis saavutettavissa *sraddhan* avulla. Tämä tarkoittaa luontaisen rakkauden omistamista Opastajalleen, olemalla aina hänen seurassaan (edellä selitetyllä sisäisellä tavalla) ja noudattamalla omistautuneesti hänen pyhiä ohjeitaan, sillä ne on annettu vapaasti ja spontaanisti.

SUTRAT 9–11

तद्वीर्यं यमनियमानुष्ठानात् दृढभूमिः । ९ ।

अहिंसासत्यास्तेयब्रह्मचर्यापरिग्रहादयो यमः । १० ।

शौचसन्तोषसद्गुरुपदेशपालनादयः नियमः । ११ ।

Moraalista rohkeutta lujitetaan noudattamalla *yamaa* **(moraalisuutta eli itsehallintaa) ja** *niyamaa* **(uskonnollisia ohjeita).**

Pyhä tiede

> *Yama* merkitsee pidättymistä toisten vahingoittamisesta ja varastamisesta sekä totuudellisuutta, pidättyvyyttä ja himottomuutta.
>
> *Niyama* tarkoittaa ruumiin ja mielen puhtautta, tyytyväisyyttä kaikissa oloissa ja kuuliaisuutta (eli gurun ohjeiden noudattamista).

Moraalisen rohkeuden lujuus on saavutettavissa harjoittamalla *yamaa*, uskonnollista pidättymistä: pidättäytymistä julmuudesta, epärehellisyydestä, himokkuudesta, luonnottomasta elämästä ja tarpeettomasta omaisuudesta. Moraalisen rohkeuden lujuutta kasvatetaan myös *niyaman* avulla, joka tarkoittaa uskonnollisten tapojen noudattamista. Näitä on ruumiin ja mielen puhtaudesta huolehtiminen: keho puhdistetaan ulkoisesti ja sisäisesti vieraista järjestelmän tasapainoa häiritsevistä ja sairauksia aiheuttavista tekijöistä, ja mieli puhdistetaan kaikista ennakkoluuloista ja uskonkappaleista, jotka tekevät ihmisen ahdaskatseiseksi. *Niyamaan* kuuluu myös tyytyväisyyden säilyttäminen kaikissa olosuhteissa ja kuuliaisuus jumalallisten henkilöiden pyhille ohjeille.

Mitä on luonnollinen elämä? Ymmärtääksemme, mitä luonnollinen elämä on, meidän täytyy erottaa se siitä, mikä on luonnotonta. Elämänlaatu riippuu (1) ruoan, (2) asumuksen ja (3) seuran valinnasta. Alemmat eläimet pystyvät valitsemaan itselleen luonnollisen elämän vaistojensa sekä aistinelintensä sisäisen toiminnan avulla: niiden näkö-, kuulo-, tunto-, haju- ja makuaistinelimissä on luonnolliset varoittimet. Ihmisellä nämä

Menetelmä

elimet ovat kuitenkin yleensä jo aivan lapsuudesta lähtien siinä määrin luonnottoman elämän turmelemia, ettei niiden arviointikykyyn voi paljoakaan luottaa. Ymmärtääksemme, mitkä ovat luonnolliset tarpeemme, meidän tulisi siis turvata havainnointiin, kokeiluun ja järkeen.

Mikä on ihmisen luonnollista ruokaa? Luonnollisen ruoan valitsemista varten huomiomme tulisi ensinnäkin kohdistua niiden elinten muotoutumiseen, jotka edistävät ruoansulatusta ja ravitsemusta: hampaisiin ja ruoansulatuskanavaan. Toiseksi tulisi huomioida niiden aistinelinten luonnollisia taipumuksia, jotka opastavat eläimiä ruoan luo, ja kolmanneksi ottaa huomioon nuorten ravitsemus.

Hampaiden tarkastelu. Hampaita tarkastelemalla opimme, että lihansyöjäeläinten etuhampaat ovat heikosti kehittyneet mutta kulmahampaat ovat silmäänpistävän pitkät, sileät ja terävät saaliiseen tarttumista varten. Myös poskihampaat ovat terävät, mutta niiden kärjet eivät kuitenkaan osu yhteen vaan asettuvat tiiviisti limittäin lihassyiden erottelemiseksi toisistaan.

Kasvinsyöjäeläimillä taas etuhampaat ovat huomattavan kehittyneet, kulmahampaat ovat surkastuneet (joskin satunnaisesti kehittyneet aseiksi, kuten elefanteilla), ja poskihampaat ovat leveäkärkiset ja varustetut kiilteellä vain sivuilta.

Hedelmänsyöjillä ovat kaikki hampaat lähes yhtä korkeita. Kulmahampaat ovat hieman ulkonevat, keilamaiset ja tylpät (niitä ei ilmeisesti ole tarkoitettu saaliin sieppaamiseen vaan voimankäyttöön).

Pyhä tiede

Poskihampaat ovat leveäkärkiset ja varustetut kärjistään kiillepoimuilla sivuttaissuuntaisen liikkeen aiheuttaman kulutuksen ehkäisemiseksi, mutta ne eivät ole terävät, niin kuin lihan pureskelijoilla.

Toisaalta kaikkiruokaisilla eläimillä, kuten karhuilla, etuhampaat muistuttavat kasvissyöjien etuhampaita, kulmahampaat ovat kuin lihansyöjillä ja poskihampaat ovat sekä terävät että leveäkärkiset palvellakseen kahtalaista tarkoitusta.

Jos nyt havainnoimme ihmisen hampaiden muotoutumista, huomaamme, että ne eivät muistuta lihansyöjien hampaita eivätkä liioin kasvinsyöjien tai kaikkiruokaisten hampaita. Ne muistuttavat tarkalleen hedelmiä syövien eläinten hampaita. Niinpä järkevänä johtopäätöksenä onkin, että ihminen on hedelmiä syövä eläin.[1]

Ruoansulatuskanavan tarkastelu. Ruoansulatuskanavaa tarkastellessamme huomaamme, että lihaa syövien eläinten suolet ovat kolmesta viiteen kertaan eläimen pituuden mittaisia, suusta peräaukkoon mitattuina, ja niiden mahalaukku on lähes pallomainen. Kasvinsyöjien suolet ovat 20–28 kertaa kehon mittaiset ja mahalaukku on laajempi ja yhdysrakenteinen. Hedelmiä syövien eläinten suolet ovat puolestaan 10–12 kertaa kehon mittaiset. Niiden mahalaukku on jonkin verran laveampi kuin lihansyöjillä ja sillä on jatkonaan pohjukais-

---

[1] Kaikenlaisten kasvien hedelmät ovat ihmiselle hyödyllisiä. Swami Sri Yukteswarin esittämä hedelmäruokavalio sisältää vihanneksia, pähkinöitä ja jyviä. (*Julkaisijan huomautus*)

Menetelmä

suoli, joka palvelee toisen mahalaukun tarkoitusta. Juuri tällaisen muodostuman löydämme ihmisistä, vaikka ihmisen suolet ovat anatomian mukaan vain kolmesta viiteen kertaa kehon mittaiset. Luku on kuitenkin virheellinen, sillä se on saatu mittaamalla keho kiireestä kantapäähän, sen sijaan että mitattaisiin suusta peräaukkoon. Tästä voimme jälleen tehdä sen johtopäätöksen, että ihminen on mitä luultavimmin hedelmiä syövä eläin.

Aistinelinten tarkastelu. Havainnoimme nyt aistinelinten luonnollisia taipumuksia, joiden avulla eläimet ohjautuvat ruoan ääreen; näin voimme selvittää, mikä ruoka on niille ravitsevaa. Huomaamme, että kun lihansyöjäeläin löytää saaliin, se ilahtuu niin kovin, että sen silmät alkavat säkenöidä. Se tarttuu pelottomasti saaliiseen ja ahneesti latkii pulppuavan veren. Toisaalta kasvinsyöjäeläin torjuu jopa luontaisen ruokansa ja jättää sen koskemattomaksi, jos sille on pirskoittunut vähänkään verta. Hajuaisti ja näkö johdattavat sen valitsemaan ruohoa ja muita yrttejä ruoakseen, jota se maistelee mielihyvin. Näin on myös hedelmiä syövien eläinten laita. Näemme, että niiden aistit johdattavat ne aina hedelmäpuiden ja vainioiden hedelmien äärelle.

Huomaamme kaikenrotuisista ihmisistä, että heidän haju-, kuulo- ja näköaistinsa eivät milloinkaan ohjaa heitä teurastamaan eläimiä. Päinvastoin he eivät siedä edes katsoa sellaista tappamista. Teurastamot onkin aina suositeltu siirrettäviksi kauaksi kaupungeista. Ihmiset säätävät usein tiukkoja mää-

Pyhä tiede

räyksiä, jotka kieltävät liharuokien kuljettamisen peittämättöminä. Voidaanko liha siis muka katsoa ihmisen luonnolliseksi ruoaksi, kun sekä hänen silmänsä että nenänsä vastustavat sitä noin kovasti, ellei niitä harhauteta mausteiden, suolan ja sokerin aromeilla? Ja kuinka ilahduttavalta meistä toisaalta tuntuukaan hedelmien tuoksu. Pelkkä niiden näkeminen saa usein veden herahtamaan kielelle! Huomattakoon myös, että erilaisilla jyvillä ja juurilla on miellyttävä, joskin vähäinen tuoksu ja maku jopa käsittelemättöminä. Niinpä joudumme jälleen näistä havainnoista käsin päättelemään, että ihminen oli tarkoitettu hedelmiä syöväksi eläimeksi.[2]

Nuorten ravitsemuksen tarkastelu. Nuorten ravitsemusta tarkastellessamme huomaamme, että maito on epäilemättä vastasyntyneen lapsen ruokaa. Äidin rinnasta ei riitä kylliksi maitoa, jos tämä ei nauti hedelmiä, jyviä ja vihanneksia luontaisena ruokanaan.

Sairauden syy. Näistä havainnoista voidaan järkisyillä tehdä ainoastaan se johtopäätös, että ihmisen ehdottomasti parasta luonnollista ravintoa ovat erilaiset jyvät, hedelmät, juuret ja juomaksi maito ja puhdas vesi, jonka on annettu altistua ilman ja auringon vaikutukselle. Nämä ovat järjestelmällemme suotuisia ruokia, kun niitä nautitaan ruoansulatuselinten tehon mukaisesti; hyvin pureskeltuina ja sylkeen sekoitettuina ne sulavat aina helposti.

---

[2] "Jumala sanoi vielä: 'Minä annan teille kaikki siementä tekevät kasvit, joita maan päällä on, ja kaikki puut, joissa on siementä kantavat hedelmät. Olkoot ne teidän ravintonanne.'" – 1. Moos. 1:29. *(Julkaisijan huomautus)*

Menetelmä

Toiset ruoat ovat ihmiselle luonnottomia, ja koska ne ovat järjestelmälle epäsuotuisia, ne ovat sille väistämättä vieraita. Ne eivät sula kunnolla mahalaukkuun saavuttuaan. Vereen sekoittuneina ne kasautuvat eritys- ja muihin elimiin, jotka eivät ole sopeutuneet niihin. Kun ne eivät pääse ulos, ne laskeutuvat kudosten rakoihin painovoiman vaikutuksesta. Käydessään ne synnyttävät sairauksia, sekä mielellisiä että fyysisiä, ja lopulta johtavat ennenaikaiseen kuolemaan.

Lasten kehitys. Kokeet osoittavat myös, että kasvissyöjälle luonnollinen, ärsyttämätön ruokavalio on lähes poikkeuksetta erinomaisen sopiva lasten kehitykselle, sekä fyysiselle että henkiselle. Heidän mielensä, ymmärryksensä, tahtonsa, olennaisimmat kykynsä, luonteensa ja yleinen mielenlaatunsa kehittyvät myös asianmukaisesti.

Luonnollinen elämä tyynnyttää intohimoja. Havaitsemme, että kun sellaisia äärimmäisiä keinoja kuin kohtuuton paasto, itsekidutus tai luostariin sulkeutuminen käytetään seksuaalisten intohimojen tukahduttamiseen, ne vain harvoin tuottavat toivotun tuloksen. Kokeet kuitenkin osoittavat, että ihminen pystyy helposti voittamaan nämä intohimot, moraalin arkkiviholliset, elämällä luonnollisesti ja pitäytymällä edellä mainittuun ärsyttämättömään ruokavalioon. Tällä tavoin ihmiset saavuttavat mielentyyneyttä, jonka jokainen psykologi tietää olevan mitä suotuisinta henkisille toiminnoille ja ymmärryksen kirkkaudelle kuin myös selkeälle ajattelutavalle.

Pyhä tiede

Sukupuolinen halu. On lisättävä vielä muutama sana lisääntymisvaistosta, joka on itsesäilytysvaiston ohella eläinkehon vahvin vietti. Seksuaalisella halulla on muiden halujen tavoin normaali ja epänormaali eli sairaalloinen taso. Jälkimmäisen aiheuttaa vieras aine, jota epäluonnollinen elämäntapa tuottaa. Seksuaalinen halu tarjoaa jokaiselle tarkan lämpömittarin, joka osoittaa hänen terveydentilansa. Tämän halun suistaa normaalitasolta hermoärsytys, joka on tulosta vieraan, järjestelmään kasautuneen aineen paineesta. Paine panee liikkeelle sukupuolielimistön ja ilmenee ensin lisääntyneenä sukupuolihaluna, jota seuraa vähittäinen potenssin heikkeneminen.

Normaalissa tilassaan seksuaalinen halu tekee ihmisen aivan vapaaksi häiritsevistä himoista ja toimii elimistössä vain harvakseltaan (herättäen tyydytyksen toiveen). Jälleen kokeet osoittavat, että tämä halu on kaikkien muiden halujen tavoin aina normaalilla tasolla yksilöissä, jotka viettävät edellä kerrottua luonnollista elämää.

Elämän puun juuri. Sukupuolielin on eräässä merkityksessä elämän puun juuri. Se on tärkeiden hermojen liitoskohta, varsinkin sympaattisten ja spinaalisten hermojen (alaruumiin päähermojen), jotka pystyvät aivokytköksiensä vuoksi elävöittämään koko järjestelmän. Seksin käytön suhteen valveutunut ihminen voi pitää kehonsa ja mielensä terveinä ja viettää kauttaaltaan miellyttävää elämää.

Sukupuolisen terveyden käytännöllisiä periaatteita ei opeteta, koska yleisö pitää aihetta epäpuh-

Menetelmä

taana ja sopimattomana. Täten sokaistunut ihmiskunta julkenee vaatettaa Luonnon hunnulla, koska Luonto näyttää ihmisistä epäpuhtaalta; he unohtavat, että Luonto on aina puhdas ja että kaikki epäpuhdas ja sopimaton piilee ihmisen ajatuksissa, ei itse Luonnossa. Ihminen ei tunne totuutta seksuaalisen voiman väärinkäytön vaaroista, vaan luonnottomasta elämästä seuraava hermoärsytys pakottaa hänet vääriin käytänteisiin. Niinpä onkin selvää, että hän tästä syystä kärsii eläessään piinallisista sairauksista ja joutuu lopulta ennenaikaisen kuoleman uhriksi.

Ihmisen asuinpaikka. Toiseksi otamme esiin asuinpaikan. Koemme epämiellyttäväksi astua ihmisiä täynnä olevaan huoneeseen hengitettyämme raikasta ilmaa vuorenhuipulla tai laajalla niityllä tai puutarhassa. Niinpä ymmärrämme helposti, että kaupungin tai minkä tahansa ruuhkaisen paikan ilmapiiri on hyvin epäluonnollinen asuttavaksi. Vuorenhuipun, niityn tai puutarhan raikas ilmapiiri samoin kuin laajan metsikön puiden alla sijaitseva kuiva, viileän ilman vapaasti tuulettama paikka on Luonnon mukaan ihmiselle oikea asumismuoto.

Millaiseen seuraan meidän tulisi hakeutua. Kolmanneksi puhumme seurasta, jollaista meidän tulisi harrastaa. Mikäli kuuntelemme omantuntomme määräyksiä ja otamme huomioon omat mieltymyksemme, huomaamme heti, että suosimme henkilöitä, joiden magnetismi vaikuttaa meihin tasapainoisesti, jotka rauhoittavat järjestelmäämme, virkistävät sisäisesti elinvoimaamme, kehittävät luonnollista rakkauttamme ja siten huojentavat kärsimyksiämme sekä antavat meille rauhaa.

Pyhä tiede

Toisin sanoen meidän tulisi olla *Satin* eli Vapahtajan seurassa ja karttaa *asatin* seuraa, kuten edellä kuvattiin. Pitäytymällä *Satin* (Vapahtajan) seuraan saamme nauttia täydellisestä terveydestä, sekä fyysisesti että sielullisesti, ja elämämme pidentyy. Mutta toisaalta jos emme tottele Äiti Luonnon varoitusta emmekä kuuntele oman puhtaan omantuntomme ohjeita vaan vetäydymme *asatin* leimaamaan seuraan, syntyy päinvastainen vaikutus ja terveytemme huononee ja elämämme lyhenee.

Luonnollisen elämän ja puhtauden välttämättömyys. Luonnollinen elämä on siis hyödyksi *yaman* harjoitukselle eli niille askeettisille elämäntavoille, joita edellä selitimme. Mielen ja ruumiin puhtaus on yhtä lailla tärkeää harjoitettaessa *niyamaa*, edellä kuvattuja askeettisia elämänasenteita, ja jokainen yritys tuon puhtauden saavuttamiseksi on tarpeen.

SUTRAT 12–18

ततः पाशक्षयः । १२ ।

घृणालज्जाभयशोकजुगुप्सा जातिकुलमानाः पाशाष्टकम् । १३ ।

तदा चित्तस्य महत्त्वम् वीरत्वं वा । १४ ।

गार्हस्थ्याश्रमोपयोग्यासनप्राणायामप्रत्याहारसाधनेषु योग्यता च । १५ ।

स्थिरसुखमासनम् । १६ ।

प्राणानां संयमः प्राणायामः । १७ ।

इन्द्रियाणामन्तर्मुखत्वं प्रत्याहारः । १८ ।

Näin sidokset häviävät.

Kahdeksan sidosta tai ansaa ovat viha, häpeä, pelko, murhemieli, tuomiohenki, rotuennakkoluulo, sukuylpeys ja omahyväisyys.

(Kahdeksan sidoksen poistaminen) johtaa sydämen jalomielisyyteen.

Näin ihmisestä tulee sovelias *asanan*, *pranayaman* ja *pratyaharan* harjoittamiseen ja maallikon elämäntavasta nauttimiseen (jossa hän täyttää kaikki halunsa ja pääsee niistä sillä tavoin irti).

Asana tarkoittaa vakaata ja mukavaa kehon asentoa.

Pranayama tarkoittaa *pranan*, elämänvoiman, hallintaa.

Pratyahara tarkoittaa aistien vetämistä pois ulkoisista aistimuskohteista.

Sydämen kahdeksan halpamaisuutta. Saavutettu moraalisen rohkeuden lujuus poistaa esteet pelastuksen tieltä. Nämä esteet ovat kahdeksaa lajia – viha, häpeä, pelko, murhemieli, tuomiohenki, rotuennakkoluulo, sukuylpeys ja ahdas käsitys kunniallisuudesta. Nämä kahdeksan ovat ihmissydämen halpamaisuuksia.

Sydämen jalomielisyyden herättäminen. Kun nämä kahdeksan estettä on poistettu, *viratwam* eli *mahatwam* (sydämen jalomielisyys) saa sijaa. Tämä tekee ihmisen soveliaaksi *asanan* (vakaan ja mukavan asennon säilyttämisen), *pranayaman* (*pranan* eli tahdosta riippumattomien hermosähköisyyksien hallinnan) ja *pratyaharan* (tahdonalaisten hermovirtausten sisäänpäin kääntämisen) harjoittamiseen. Nämä harjoitukset saavat ihmisen tyydyttämään sy-

Pyhä tiede

dämensä nauttimalla aistimuskohteista tavalla, joka sopii *garhasthyasramaan*, (koti) elämään.

Pranayaman arvo. Ihminen voi saattaa tahdonalaiset hermonsa toimintaan aina halutessaan ja antaa niiden levätä rasituksesta. Kun kaikki nämä tahdonalaiset hermot vaativat lepoa, hän nukkuu luonnollisesti. Ja kun tahdonalaiset hermot ovat unen ansiosta virvoittuneet, hän pystyy työskentelemään taas kaikin voimin. Ihmisen tahdosta riippumaton hermosto kuitenkin toimii syntymästä saakka keskeytymättömästi itsestään. Koska ihmisellä ei ole kykyä hallita sitä, hän ei pysty puuttumaan sen toimintaan edes vähimmässäkään määrin. Kun tämä hermosto rasittuu, se haluaa myös lepoa ja nukahtaa luonnostaan. Tätä tahdosta riippumattoman hermoston nukahtamista kutsutaan *mahanidraksi*, suureksi uneksi eli kuolemaksi. Kun tämä tapahtuu, verenkierto, hengitys ja muut elintoiminnot pysähtyvät ja aineellinen keho alkaa luonnollisesti hajota. Kun tämä suuri uni, *mahanidra*, jonkin ajan kuluttua päättyy, ihminen herää kaikkine haluineen ja syntyy uuteen fyysiseen kehoon toteuttaakseen erilaiset halunsa. Tällä tavoin ihminen sitoo itsensä elämään ja kuolemaan eikä kykene saavuttamaan lopullista vapautumista.

Kuoleman hallinta. Jos ihminen pystyy hallitsemaan näitä tahdosta riippumattomia hermoja edellä mainitun *pranayaman* avulla, hän kykenee pysäyttämään aineellisen kehon luonnollisen rappeutumisen ja saattamaan (sydämen, keuhkojen ja muiden tärkeiden elinten) tahdosta riippumattomat hermot lepoon määräajoin, kuten hän menettelee

Menetelmä

myös tahdonalaisten hermojen suhteen nukkuessaan. Sellaisen *pranayaman* tuottaman levon jälkeen tahdosta riippumattomat hermot ovat virkistyneet ja täynnä juuri uudistunutta elämää.

Kun tahdonalaiset hermot ovat saaneet leponsa, ihminen ei tarvitse apua herätäkseen luonnollisesti unen jälkeen. Näin on myös kuoleman jälkeen. Kun ihminen on nauttinut täydellistä lepoa, hän herää luonnollisesti elämään maan päälle uudessa ruumiissa. Mikäli ihminen pystyy "kuolemaan" eli tietoisesti saamaan koko tahdonalaisen ja tahdosta riippumattoman hermostonsa päivittäiseen lepoon *pranayamaa* harjoittamalla, hänen koko fyysinen järjestelmänsä toimii erittäin elinvoimaisesti.

Elämästä ja kuolemasta tulee hallittavia asioita joogille, joka hellittämättä pitäytyy *pranayaman* harjoittamiseen. Tällä tavoin hän säästää kehonsa ennenaikaiselta rappeutumiselta, joka kohtaa useimpia ihmisiä. Hän voi jäädä nykyiseen fyysiseen kehoonsa niin pitkäksi aikaa kuin haluaa. Niinpä hänellä on aikaa yhden inkarnaation kuluessa puhdistautua karmastaan ja täyttää kaikki sydämensä halut (ja siten päästä niistä irti). Lopullisesti puhdistuneena hänen ei enää tarvitse tulla tähän maailmaan, *mayan*, pimeyden, vaikutuksen piiriin, eli kärsiä "toista kuolemaa". Katso Ensimmäinen kirje korinttilaisille 15:31 ja Johanneksen ilmestys 2:10, 11.

"Joka päivä minä olen kuoleman kidassa, niin totta kuin te, veljet, olette minun kerskaukseni Kristuksessa Jeesuksessa, meidän Herrassamme [Kristus-tietoisuudessa]."

Pyhä tiede

> *"Ole uskollinen kuolemaan asti, niin minä annan sinulle elämän kruunun. – – Sitä, joka voittaa, ei toinen kuolema vahingoita."*

Pratyaharan tarpeellisuus. Ihminen nauttii halunsa kohteesta niin toivoessaan. Jos hän kuitenkin suuntaa aistinelimensä, joiden avulla hän nauttii, nautinnon aikana sen kohteeseen, hän ei koskaan tyydyty ja hänen halunsa kasvavat kaksinkertaisiksi. Jos hän sen sijaan kykenee kääntämään aistinelimensä sisäänpäin, Itseä kohti, niin hän tyydyttää sydämensä välittömästi. Niinpä edellä mainittu *pratyahara*-harjoitus, tahdonalaisten hermovirtojen suunnan muuttaminen sisäänpäin, on suotava keino täyttää maanpäällisiä haluja. Ihminen joutuu inkarnoitumaan yhä uudelleen, kunnes kaikki hänen maalliset toiveensa on työstetty loppuun ja hän on vapaa kaikista haluista.

Asanan tarpeellisuus. Ihminen ei pysty kokemaan tai edes ajattelemaan kunnolla, jos hänen mielensä ei ole miellyttävässä olotilassa. Ihmiskehon eri osat on niin tasapainoisesti rakennettu, että jos pienikin osa siitä vähänkään vahingoittuu, koko järjestelmä häiriintyy. Jotta asiat tulisivat ymmärretyksi eli jotta sydän tuntisi asiat selkeästi, on edellä mainitun *asanan*, vakaan ja miellyttävän asennon, harjoittelu näin ollen tarpeen.

SUTRAT 19–22

चित्तप्रसादे सति सर्वभावोदयः स्मृतिः । १९ ।

तदेवार्थमात्रनिर्भासं स्वरूपशून्यमिव समाधिः । २० ।

Menetelmä

ततः संयमस्तस्मात् ब्रह्मप्रकाशकप्रणवशब्दानुभवः । २१ ।

तस्मिन्नात्मनो योगो भक्तियोगस्तदा दिव्यत्वम् । २२ ।

Smriti, todellinen käsityskyky, johtaa kaiken luodun tuntemiseen.

Samadhi, todellinen keskittyminen, tekee ihmisen kyvykkääksi hylkäämään yksilöllisyyden ja ottamaan vastaan universaaliuden.

Näin syntyy *samyama* ("hillike" eli egoistisen itsen voittaminen). Sen avulla ihminen kokee *Aum*-värähtelyn, joka paljastaa Jumalan.

Näin sielu saa kasteen *bhakti*-joogassa (antaumuksessa). Tämä on Jumaluuden tila.

Smriti, **todellinen käsityskyky.** Kun ihminen hallitsee edellä mainitut harjoitukset, hänen sydämensä pystyy käsittämään tai tuntemaan tämän luomakunnan kaikki asiat. Tätä todellista käsityskykyä kutsutaan *smritiksi*.

Samadhi, **todellinen keskittyminen.** Kun ihminen kiinnittää lujasti huomionsa mihin tahansa näin käsitettyyn kohteeseen ja pääsee samastumaan siihen niin suuresti, että on kuin vailla yksilöllistä luontoaan, hän saavuttaa *samadhin* eli todellisen keskittymisen.

Pranava Sabda, **Jumalan Sana.** Kun ihminen suuntaa kaikki aistinelimensä niiden yhteiseen keskukseen, sensoriumiin eli *sushumnadwaraan*, sisäisen maailman ovelle, hän havaitsee Jumalan lähettämän kirkastetun kehonsa, *Radhan* tai Johannes Kastajan, ja kuulee erityisen "kolkuttavan" äänen, *Pranava Sabdan*, Jumalan Sanan. Katso Evankeliumi Johanneksen mukaan 1:6, 7, 23.

Pyhä tiede

"Oli mies, Jumalan lähettämä, hänen nimensä oli Johannes. Hän tuli todistamaan, todistaaksensa valkeudesta, että kaikki uskoisivat hänen kauttansa."

"Minä olen huutavan ääni erämaassa."

Samyama, itsen keskittyminen. Tämän koettuaan ihminen uskoo luontaisesti todellisen Hengellisen Valon olemassaoloon ja vetäytyy ulkoisesta maailmasta keskittyen aistien yhteiseen keskukseen. Tätä itsen keskittymistä kutsutaan *samyamaksi*.

Bhakti-jooga eli kaste, ihmisen toinen syntymä. *Samyaman* eli sensoriumiin keskittymisen avulla ihminen kastautuu tai sulautuu Pyhän Äänen jumalalliseen virtaan. Tätä kastetta kutsutaan *bhakti*-joogaksi. Tässä tilassa ihminen katuu: hän kääntyy pois pimeyden, *mayan*, karkean aineen luomakunnasta ja kiipeää takaisin kohti Jumaluuttaan, Ikuista Isää, josta hän on langennut. Kulkien aistien yhteisen keskuksen eli sensoriumin oven kautta hän saapuu sisäiseen elämänpiiriin, *Bhuvarlokaan*. Pääsy sisäiseen maailmaan on ihmisen toinen syntymä, ja ihmisestä tulee *devata*, jumalallinen olento.

SUTRA 23

मूढविक्षिप्तक्षिप्तैकाग्रनिरुद्धाश्चित्तभेदास्ततो

जात्यन्तरपरिणामः । २३ ।

Käännös sama kuin seuraava kommentaari.

Viisi ihmissydämen tilaa. Ihmissydämellä on viisi tilaa: pimeä, muuttuva, vakaa, antautunut ja puhdas.

Menetelmä

Ihmissydän luokitellaan ja myös hänen kehityksellinen asemansa määräytyy näiden eri tilojen mukaan.

SUTRA 24

मूढचित्तस्य विपर्ययवृत्तिवशाद् जीवस्य शूद्रत्वम्, तदा ब्रह्मणः
कलामात्रेन्द्रियग्राह्यस्थूलविषयप्रकाशात् कलिः । २४ ।

Sydämen pimeässä tilassa ihminen hautoo väärinkäsityksiä (kaikesta). Tila on seurausta *avidyasta*, tietämättömyydestä, ja synnyttää *sudran* (alhaisimman kastin ihmisen). Hän pystyy ymmärtämään vain fyysisen maailman käsitteitä. Tämä mielentila on vallitsevana *kaliyugassa*, aikakausien kierron pimeänä aikana.

Pimeä sydän. Sydämen ollessa pimeässä tilassa ihminen käsittää asiat väärin. Hän luulee, että karkean aineen osuus luomakunnasta on ainut todella olemassa oleva substanssi eikä sen lisäksi ole mitään muuta. Kuten edellä on selitetty, tämä käsitys on kuitenkin totuuden vastainen ja ainoastaan tietämättömyyden, *avidyan*, seurausta.

***Sudra* eli palvelusluokka.** Ihmistä kutsutaan tässä tilassa *sudraksi* eli palvelevaan luokkaan kuuluvaksi, koska hänen luonnollisena velvollisuutenaan on silloin palvella ylemmän luokan ihmisiä. Tällä tavoin hän varmistaa heidän seuransa ja valmistaa siten sydäntään saavuttamaan korkeamman asteen.

***Kaliyuga*, pimeä ajanjakso.** Tätä ihmisen tilaa kutsutaan *kaliksi*. Kun missä tahansa aurinkokunnassa

Pyhä tiede

ihmiset yleisesti ottaen jäävät tähän tilaan ja ovat menettäneet voimansa siirtyä siitä eteenpäin, koko järjestelmän sanotaan olevan *kaliyugassa,* pimeässä ajanjaksossa.

SUTRAT 25, 26

ब्रह्मणः प्रथमपादपूर्णत्वे द्वितीयसूक्ष्मविषयज्ञानाप्राप्तसन्धिकाले
चित्तस्य विक्षेपस्तदा प्रमाणवृत्तिवशात् क्षत्रियत्वम् । २५ ।
ततः सद्गुरुलाभो भक्तियोगश्च तदालोकान्तरगमनम् । २६ ।

Siirtyen Brahman suunnitelman ensimmäisen vaiheen tuolle puolen ihminen tavoittelee valaistumista ja pääsee luontaiseen *kshatriyan* (soturin) kastiin.

Kehitykselliset voimat saavat hänet tavoittelemaan (totuutta). Hän etsii gurua ja noudattaa tämän jumalallista ohjausta. *Kshatriyasta* tulee näin kelvollinen asumaan korkeamman ymmärryksen maailmoissa.

Muuttuva sydän. Kun ihminen saavuttaa jonkin verran valaistumista, hän vertaa valvetilassa kertyneitä, aineellista luomakuntaa koskevia kokemuksiaan unikokemuksiinsa ja – ymmärtäen jälkimmäiset pelkiksi mielikuviksi – alkaa epäillä, onko edellisilläkään todellista vastinetta itse olemassaolossa. Näin hänen sydämensä suuntautuu ratkomaan maailmankaikkeuden todellista luonnetta. Pyrkien selvittämään epäilynsä hän etsii todistusaineistoa päättääkseen, mikä on totuus.

Kshatriya, **soturiluokka.** Tässä tilassa ihmistä kutsutaan *kshatriyaksi* eli soturiluokan jäseneksi. Hänen

Menetelmä

luontainen velvollisuutensa on ponnistella edellä kerrotulla tavalla oivaltaakseen maailman olemusta ja saavuttaakseen siitä todellista tietämystä.

Sandhisthala – ylemmän ja alemman välinen paikka. Ihmisen *kshatriya*-tilaa kutsutaan *sandhisthalaksi*, ylemmän ja alemman väliseksi paikaksi. Tässä tilassa ihmiset tavoittelevat tosissaan oikeaa tietämystä ja tarvitsevat apua toisiltaan. Niinpä sydämeen ilmaantuu keskinäinen rakkaus, joka on tärkein vaatimus pelastuksen saavuttamiseksi.

Rakkautensa energeettisen pyrkimyksen kannustamana ihminen pysyy antautuneesti niiden seurassa, jotka poistavat vaikeuksia, selvittävät epäilyksiä ja tuovat hänelle rauhan. Hän välttää kaikkea, mikä tuottaa päinvastaisen tuloksen. Hän myös tutkii tarkasti jumalallisten henkilöiden kirjoituksia.

Kun ihminen löytää *Sat-gurun*, Vapahtajan. Tällä tavalla ihminen oppii ymmärtämään, mitä tosi usko on. Hän myös käsittää jumalallisten henkilöiden todellisen aseman, kun yksi näistä tahtoo ystävällisesti olla hänen Henkinen Opastajansa, *Sat-gurunsa*, Vapahtajansa, ja hän saa onnen olla tämän Jumalan kaltaisessa seurassa. Noudattamalla antautuneesti pyhiä opetuksia ihminen oppii keskittämään mielensä suunnaten aistinelimensä niiden yhteiseen keskukseen eli sensoriumiin, *sushumnadwaraan*, sisäisen maailman oveen. Siellä hän näkee Johannes Kastajan tai *Radhan* valokehon ja kuulee pyhän Äänen (Aamenin, *Aumin*) kuin virtana tai jokena. Hän alkaa sulautua tai kastautua siihen ja rupeaa palaamaan kohti Jumaluuttaan, Ikuista Isää, erilais-

Pyhä tiede

ten *lokien* eli luomakunnan tasojen kautta.

SUTRA 27

भूर्भुवःस्वर्महर्जनस्तपः सत्यमिति सप्त लोकाः । २७ ।

Maailmat eli luomakunnan *lokat* ovat seuraavat seitsemän: *bhu, bhuvar, swar, mahar, jana, tapo* ja *satya.* (Tätä maailmaa ja ihmisen tietoisuuden "maanpäällistä" astetta kutsutaan *bhulokaksi.*)

Seitsemän *lokaa.* Matkalla kohti Jumaluutta on seitsemän sfääriä eli luomakunnan tasoa, joita itämaiset viisaat ovat nimittäneet *swargoiksi* eli *lokiksi,* ja joita on jo kuvattu kohdassa 1:13. Nämä ovat: *bhuloka,* joka on karkean aineen piiri, *bhuvarloka,* hienoaineen tai sähköisten ominaisuuksien piiri, *swarloka* magneettisten napojen ja aurojen tai sähköisyyksien piiri, *maharloka,* magneettien, atomien piiri, *janaloka,* hengellisten heijastumien, Jumalan Poikien, piiri, *tapoloka,* Pyhän Hengen, Universaalin Hengen, piiri, ja *satyaloka,* joka on Jumalan, Ikuisen Substanssin, *Satin,* piiri. Kolme ensimmäistä näistä seitsemästä tasosta (*bhuloka, bhuvarloka* ja *swarloka*) käsittävät aineellisen luomakunnan, pimeyden, *mayan,* valtakunnan. Ja kolme jälkimmäistä (*janaloka, tapoloka* ja *satyaloka*) käsittävät hengellisen luomakunnan, Valon valtakunnan. *Maharloka* eli atomien piiri on keskimmäinen, ja sen sanotaan olevan "ovi", joka toimii näiden kahden – aineellisen ja hengellisen – maailman yhteyden välittäjänä. Sitä kutsutaan *dasamadwaraksi,* kymmenenneksi oveksi eli *brahmarandharaksi,* tieksi Jumaluuden luo.

Menetelmä

SUTRA 28

भुवर्लोके ब्रह्मण: द्वितीयपादसूक्ष्मान्तर्जगत्प्रकाशाद् द्वापर:, जीवस्य द्विजत्वञ्च, तदा चित्तस्य क्षिप्तत्वात्तस्य वृत्तिर्विकल्प: । २८ ।

Astuessaan *bhuvarlokaan* ("ilmaan" tai "tulemisen maailmaan") ihmisestä tulee *dvija* eli "kahdesti syntynyt". Hän ymmärtää aineellisesta luomakunnasta toisen osuuden – hienompien, syvällisempien voimien maailman. Tämä mielentila on vallitsevana *dwaparayugassa*.

Dvija eli kahdesti syntynyt. Kun ihminen kasteen saatuaan alkaa katua ja palata kohti Ikuista Isää ja vetäydyttyään karkean aineen maailmasta, *bhulokasta*, astuu hienoaineen maailmaan, *bhuvarlokaan*, hänen sanotaan olevan *dvija* eli kuuluvan kahdesti syntyneiden luokkaan. Nyt hän ymmärtää sisäiset sähköisyytensä, toisen eli hienoaineisen osuuden luomakunnasta. Hän ymmärtää myös, että ulkomaailman olemassaolo ei ole pohjimmiltaan muuta kuin hänen hienojen sisäisten aistimuskohteidensa (sähköisyyksien negatiivisten ominaisuuksien) yhteensulautumista tai liittymistä hänen viiden aistinelimensä (eli sähköisyyksien positiivisten ominaisuuksien) kanssa, mikä tapahtuu hänen viiden toimintaelimensä (eli sähköisyyksien neutralisoivien ominaisuuksien) välityksellä; ja tämän saa aikaan hänen mielensä ja omantuntonsa (tietoisuutensa) toiminta.

Vakaa sydän. Tämä ihmisen tila on *dwapara*. Kun siitä tulee yleisesti ihmisten luonnollinen tila missä tahansa aurinkokunnassa, järjestelmän sanotaan kokonaisuudessaan olevan *dwaparayugan* kaudessa. Tässä *dwapara*-tilassa sydämestä tulee vakaa. Jos ihminen jatkaa kastetussa tilassa pysyen syventyneenä pyhään virtaan, hän pääsee asteittain hyvään tilaan, jossa hänen sydämensä hylkää täysin ulkoisen maailman ideat ja omistautuu antaumuksella sisäiselle maailmalle.

SUTRA 29

स्वर्गे चित्तस्यैकाग्रतया वृत्तिः स्मृतिस्ततः
ब्रह्मणस्तृतीयपादजगत्कारणप्रकृतिज्ञानवशात्
त्रेता, तदा विप्रत्वं जीवस्य । २९ ।

Swarlokassa ("taivaassa") ihminen kykenee tajuamaan *chittan* salaisuudet: kolmannen eli magneettisen osuuden aineellisesta luomakunnasta. Hänestä tulee *vipra* (lähes täydellinen olento). Tämä mielentila on vallitsevana *tretayugassa*.

Antautunut sydän. Tässä antaumuksen tilassa ihminen vetäytyy *bhuvarlokasta*, sähköisten ominaisuuksien maailmasta. Hän tulee *swarlokaan*, magneettisten ominaisuuksien, sähköisyyksien ja napojen maailmaan. Nyt hän kykenee tajuamaan *chittan*, sydämen, kolmannen eli magneettisen osuuden luomakunnasta. Kuten ensimmäisessä luvussa on selitetty, *chitta* on henkistynyt atomi, *avidya* eli tietämättömyys, ja pimeyden, *mayan*, osa. Tajutessaan *chittan* ihminen kykenee käsittämään kokonaisuudessaan pimeyden, *mayan*, jonka yksi osa *chitta* on. Hän käsittää myös

Menetelmä

koko luomakunnan. Silloin ihmisen sanotaan olevan *vipra* ja hän kuuluu lähes täydellisten luokkaan. Tätä ihmisolentojen tilaa kutsutaan *tretaksi*. Kun siitä tulee yleisesti ihmisten luonnollinen tila missä tahansa aurinkokunnassa, tämän järjestelmän sanotaan kokonaisuudessaan olevan *tretayugan* kaudessa.

SUTRA 30

महर्लोके चित्तस्य निरुद्धत्वात्तस्य वृत्तिर्निद्रा

ततः सर्वविकाराभावे ब्रह्मवत् स्वात्मानुभवात्

ब्रह्मणत्वन्तदाब्रह्मणस्तुरीयांशसत्पदार्थप्रकाशात् सत्यम् । ३० ।

Ihminen saavuttaa todellisen katumuksen myötä *maharlokan* ("suuren maailman"). Hän saa puhtaan sydämen, kun ei enää ole tietämättömyyden, *mayan*, vaikutuksen alainen. Hän astuu *brahmanien* ("Brahman tuntijoiden") luonnolliseen kastiin. Tämä mielentila on vallitsevana *satyayugassa*.

Puhdas sydän. Jatkaessaan kohti Jumalaa ihminen kohottautuu *maharlokaan*, magneetin, atomin alueelle. Kun kaikki tietämättömyyden kehityskulut ovat vetäytyneet pois, ihmisen sydän pääsee puhtaaseen tilaan, vailla mitään ulkoisia ideoita. Nyt ihminen kykenee tajuamaan Hengellisen Valon, Brahman, maailmankaikkeuden Todellisen Substanssin. Tämä on viimeinen ja ikuinen, hengellinen osuus luomakunnasta. Tässä vaiheessa ihmistä kutsutaan *brahmaniksi* eli hengelliseen luokkaan kuuluvaksi. Tätä ihmisen vaihetta kutsutaan *satyaksi*, ja kun siitä tulee yleisesti ihmisten luonnollinen tila missä ta-

Pyhä tiede

hansa aurinkokunnassa, järjestelmän sanotaan kokonaisuudessaan olevan *satyayugan* kaudessa.

SUTRAT 31, 32

तदपि संन्यासान् मायातीतजनलोकस्थे मुक्तसंन्यासी
ततः चैतन्यप्रकटिततपोलोके आत्मनोऽर्पणात् सत्यलोकस्थे
कैवल्यम् । ३१-३२ ।

Kun ihminen ei pelkästään heijasta vaan ilmentää Hengellistä Valoa, hän kohoaa *janalokaan*, Jumalan valtakuntaan.

Sitten hän siirtyy *tapolokaan*, *Kutastha Chaitanyan* piiriin.

Hylätessään turhan ajatuksen erillisestä olemassaolostaan hän astuu *satyalokaan*. Siellä hän saavuttaa lopullisen vapautumisen eli *kaivalyan*, ykseyden Hengen kanssa.

Kun sydän tulee puhdistetuksi, se ei täten enää pelkästään heijasta vaan ilmentää Hengellistä Valoa, Jumalan Poikaa. Ja ollessaan näin Hengen vihkimä tai voitelema siitä tulee Kristus, Vapahtaja. Tämä on ainoa tie, jonka kautta ihminen uudelleen Hengessä kastettuna eli Henkeen sulautuneena voi nousta pimeyden luomakunnan yläpuolelle ja astua *janalokaan*, Jumalan valtakuntaan eli Valon luomakuntaan. Tässä tilassa ihmistä kutsutaan *jivanmukta sannyasiksi*, Herra Jeesus Nasaretilaisen kaltaiseksi. Katso Evankeliumi Johanneksen mukaan 3:5 ja 14:6.

"Totisesti, totisesti minä sanon sinulle: jos joku ei synny vedestä ja Hengestä, ei hän voi päästä sisälle Jumalan valtakuntaan."

Menetelmä

"Jeesus sanoi hänelle: 'Minä olen tie ja totuus ja elämä; ei kukaan tule Isän tykö muutoin kuin minun kauttani.'"

Ihminen käsittää tässä tilassa olevansa vain lyhytaikainen idea, joka lepää Jumalan, Ikuisen Isän, universaalin Pyhän Hengen sirpaleella. Ja ymmärtäen todellisen palvonnan hän uhraa oman itsensä Pyhälle Hengelle, Jumalan alttarille. Tämä merkitsee, että hyläten turhan ajatuksen erillisestä olemassaolostaan hän muuttuu "kuolleeksi" eli sulautuu universaaliin Pyhään Henkeen. Täten hän saavuttaa *tapolokan*, Pyhän Hengen alueen.

Kun ihminen tällä tavoin on yhtä ja samaa Jumalan universaalin Pyhän Hengen kanssa, hänestä tulee yhtä Ikuisen Isän Itsensä kanssa, ja näin hän saapuu *satyalokaan*. Siellä hän tajuaa, että koko tämä luomakunta on pohjimmiltaan vain hänen oman luontonsa idealeikkiä eikä maailmankaikkeudessa ole olemassa mitään hänen oman Itsensä ohella. Tätä yhdistymisen tilaa kutsutaan *kaivalyaksi*, Ainoaksi Itseksi. Katso Johanneksen ilmestys 14:13 ja Evankeliumi Johanneksen mukaan 16:28.

"Autuaat ovat ne kuolleet, jotka Herrassa kuolevat tästedes."

"Minä olen lähtenyt Isästä ja tullut maailmaan; jälleen minä jätän maailman ja menen Isän tykö."

LUKU 4

विभूतिः ILMESTYS

SUTRAT 1–3

सहजद्रव्यतपोमन्त्रैः देहत्रयशुद्धिस्ततः सिद्धिः । १ ।

सद्गुरुकृपया सा लभ्या । २ ।

सहजद्रव्येण स्थूलस्य तपसा सूक्ष्मस्य मन्त्रेण

कारणदेहचित्तस्य च शुद्धिः । ३ ।

Adeptiksi ihminen tulee puhdistamalla kolme kehoaan. Samaan hän voi päästä gurun armosta. Puhdistuminen tapahtuu Luonnon, katumuksen ja *mantrojen* avulla.

Luonnon välityksellä puhdistetaan karkea aine (fyysinen keho). Katumuksen avulla puhdistetaan hienoaine (hienoaineinen keho). *Mantrojen* turvin puhdistetaan mieli.

Adeptiksi ihminen tulee puhdistamalla kehonsa kaikissa suhteissa. Aineellisen kehon puhdistuksen voivat saada aikaan Luonnon synnyttämät keinot. Sähköinen keho puhdistuu kaikissa olosuhteissa osoitetun kärsivällisyyden avulla. Magneettinen keho (चित्त *chitta*, hengellistynyt atomi, sydän) puhdistuu hengityksen sääntelyllä, jota kutsutaan *mantraksi*, mielen puhdistajaksi (मनः त्रायत इति मन्त्रः). Tapa, jolla nämä puhdistumiset voidaan toteuttaa, on opittavissa jumalallisten henkilöiden jalkojen juuressa. He näkevät Valon ja todistavat Kristus-tietoisuudesta.

SUTRAT 4, 5

साधनप्रभावेण प्रणवशब्दाविर्भावस्तदेव मन्त्रचैतन्यम् । ४ ।
देशभेदे तस्य भेदात् मन्त्रभेदः साधकेषु । ५ ।

Pranava eli *Aum*-ääni tulee kuultavaksi *mantran* pyhän vaikutuksen ansiosta.

Pyhän äänen voi kuulla eri tavoin riippuen harjoittajan kehityksestä (sydämen puhdistumisesta).

Pyhä Sana (प्रणव, शब्द *Pranava* eli *Sabda*) ilmaantuu spontaanisti ja tulee kuuluviin harjoittamalla hengityksen sääntelyä hengellisen opastajan (*Sat-gurun*) ohjauksen mukaisesti. Kun tämä *mantra* (Sana, *Pranava*) ilmaantuu, hengitys muuttuu oikeanlaiseksi ja ehkäisee aineellisen kehon rappeutumista.

Pranava ilmenee eri muodoissa kehityksen eri vaiheissa, sydämen (*chittan*) puhdistumisesta riippuen.

SUTRA 6

श्रद्धायुक्तस्य सद्गुरुलाभस्ततः प्रवृत्तिस्तदैव
प्रवर्त्तकावस्था जीवस्य । ६ ।

Se, joka jalostaa sydämen luontaista rakkautta, saa osakseen gurun opastuksen ja aloittaa *sadhanan* (hengellisen harjoittamisen tien). Hänestä tulee *pravartaka*, asiaan vihkiytynyt.

On jo tullut selitetyksi, mitä *Sat-guru* on ja miten hänen seurassaan ollaan. Kun ihmisellä on

Ilmestys

varustuksenaan puhtaan rakkauden taivaallinen lahja, hän alkaa luontojaan karttaa *asatin* edustamaa seuraa ja etsiytyä sen seuraan, mitä on kuvattu *Satina*. Kun hän antautuneesti pitäytyy *Satin* seuraan, hän voi olla kyllin onnekas miellyttääkseen jotakuta, joka saattaa ystävällisesti toimia hänen *Sat-gurunaan* eli Hengellisenä Opastajanaan. Oppilaan pysytellessä opastajansa jumalallisessa seurassa hänen sydämessään kasvaa halu, *pravritti*, pelastautua pimeyden, *mayan*, maailmasta. Hänestä tulee *pravartaka*, *yaman* ja *niyaman* harjoituksiin vihkiytynyt. Nämä askeettiset pidättäytymiset ja sääntöjen noudattamiset ovat välttämättömiä pelastuksen saavuttamiseksi.

SUTRA 7

यमनियमसाधनेन पशुत्वनाशस्ततः वीरत्वमासनादिसाधने
योग्यता च तदैव साधकावस्था प्रवर्त्तकस्य ॥ ७ ॥

Sydämen kahdeksan halpamaisuutta katoavat ja hyve kasvaa *yaman* ja *niyaman* harjoittamisella. Ihmisestä tulee *sadhaka*, todellinen oppilas, joka on valmis saavuttamaan pelastuksen.

Muistettakoon, että *yamaa* ja *niyamaa* harjoitettaessa kahdeksan halpamaisuutta häviävät ihmisen sydämestä ja tilalle astuu jalomielisyys. Tässä vaiheessa ihmisestä tulee sovelias askeettisen asennon ja muiden hänen *Sat-gurunsa* osoittamien menetelmien harjoittamiseen päämääränään pelastuksen saavuttaminen. Kun hän jatkaa *Sat-gurunsa* hänelle

Pyhä tiede

osoittamien menetelmien harjoittamista, hänestä tulee *sadhaka* eli todellinen oppilas.

SUTRA 8

ततः भावोदयात् दिव्यत्वं तस्मिन् समाहिते दैववाणी
प्रणवानुभवस्तदैव सिद्धावस्था साधकस्य । ८ ।

Hän edistyy jumalallisuudessa, kuulee pyhän *Aum*-äänen ja hänestä tulee *siddha*, pyhä henkilö.

Luvusta 3 käy ilmi, kuinka oppilas siirtyy vaiheesta toiseen. Hänestä tulee kykenevä käsittämään luomisen erilaiset kohteet sydämessään. Ja vähitellen hän edistyy meditaation eri asteiden läpi. Lopulta hän kohdistaa huomionsa aistien yhteiseen keskukseen, sensoriumiin, ja silloin hän kuulee tunnusomaisen äänen, *Pranavan* eli *Sabdan*, pyhän Sanan. Tällöin sydämestä tulee jumalallinen, ja ego, *ahamkara* eli ihmisen poika, sulautuu eli kastautuu pyhän äänen virtaan. Oppilaasta tulee nyt *siddha*, adepti, jumalallinen henkilö.

SUTRA 9

ततृसंयमात् सप्तपातालदर्शनम् ऋषिसप्तकस्य चाविर्भावः । ९ ।

Sitten hän havaitsee Hengen ilmentymät ja kulkee seitsemän *patalalokan* (eli selkärangan keskuksen) läpi, nähden seitsemän *rishiä*.

Kasteen tilassa (joka on *bhakti*-joogaa eli *surat sabda* -joogaa, egon sulautumista pyhään Ääneen)

Ilmestys

ihminen katuu ja vetäytyy ulkoisesta, karkeasta maailmasta, *bhulokasta*. Hän astuu sisäiseen, hienoaineiseen maailmaan, *bhuvarlokaan*. Siellä hän kokee Hengen ilmentymät, todellisen Valon, kuin seitsemän tähteä seitsemässä keskuksessa eli astraalisesti hohtavassa paikassa, joita verrataan seitsemään kultaiseen kynttilänjalkaan. Näitä tähtiä, todellisen Valon, Hengen, ilmentymiä, kutsutaan enkeleiksi tai *risheiksi*. Ne ilmaantuvat yksi toisensa jälkeen ihmisen pojan oikealle puolelle eli hänen oikealle, Jumaluuteen vievälle tielleen.

Seitsemän kultaista kynttilänjalkaa ovat kehon seitsemän hohtavaa kohtaa. Ne ovat aivoissa sijaitseva *sahasrara*, medulla oblongataan eli ydinjatkeeseen liittyvä *ajna-chakra* sekä viisi spinaalista keskusta: kaulan *vishuddha*, selän alueen *anahata*, lantion alueen *manipura*, ristiluuhun liittyvä *swadhishthana* ja häntäluuhun liittyvä *muladhara*. Niissä Henki tulee ilmeneväksi. Näiden seitsemän keskuksen eli seurakunnan kautta ego eli ihmisen poika siirtyy kohti Jumaluutta. Katso Johanneksen ilmestys 1:12, 13, 16, 20 ja 2:1.

"– – ja kääntyessäni minä näin seitsemän kultaista lampunjalkaa, ja lampunjalkain keskellä Ihmisen Pojan muotoisen – –. Ja hänellä oli oikeassa kädessään seitsemän tähteä – –."

"Niiden seitsemän tähden salaisuus, jotka näit minun oikeassa kädessäni, ja niiden seitsemän kultaisen lampunjalan salaisuus on tämä: ne seitsemän tähteä ovat niiden seitsemän seurakunnan enkelit, ja ne seitsemän lampunjalkaa ovat ne seitsemän seurakuntaa."

Pyhä tiede

"*Näin sanoo hän, joka pitää niitä seitsemää tähteä oikeassa kädessään, hän, joka käyskelee niiden seitsemän kultaisen lampunjalan keskellä – –.*"

Kasteen aikana (joka on *bhakti*-joogaa eli *surat sabda* -joogaa) ego, *surat*, ihmisen poika, kulkee asteittain seitsemän edellä mainitun paikan kautta saaden samalla tietoa niistä. Ja kun hän päättää matkansa kaikkien näiden alueiden kautta, hän ymmärtää universumin todellisen luonnon. Hän vetäytyy pois *bhuvarlokasta* eli hienoaineen maailmasta ja saapuu *swarlokaan* eli kaiken aineen – sekä hienon että karkean – lähteelle. Siellä hän havaitsee sydämensä, atomin, luovan Hengen valtaistuimen, ympärillä loistavan astraalihahmon. Se on varustettu viidellä sähköisyydellä ja kahdella navalla, mielellä ja ymmärryksellä, jotka ovat seitsemää eri väriä, kuin sateenkaarissa. Tässä sähköisyyksien, mielen ja ymmärryksen maailmassa, joka on kaikkien aistimuskohteiden ja elinten nautintojen lähde, ihminen tulee täysin tyydytetyksi omatessaan kaikki halujensa kohteet ja saadessaan täydellisen tietämyksen niistä. Tämän takia edellä mainittu astraalihahmo sähköisyyksineen ja napoineen ja seitsemine osineen on kuvattu tiedon sinetöitynä lippaana, seitsemän sinetin kirjana. Katso Johanneksen ilmestys 4:3 ja 5:1.

"*– – ja valtaistuimen ympärillä oli taivaankaari – –.*"

"*Ja minä näin valtaistuimella-istuvan oikeassa kädessä kirjakäärön, sisältä ja päältä täyteen kirjoitetun, seitsemällä sinetillä suljetun.*"

SUTRA 10

तदा ज्ञानशक्तियोगक्रमात्
सप्तस्वर्गाधिकारस्ततश्चतुर्मनूनामाविर्भावः ॥ १० ॥

Sitten ihminen saavuttaa joogataidon ja -voiman ansiosta ylivallan seitsemään *swargaan* (taivaaseen) nähden. Hän hankkii pelastuksen häivyttämällä neljä alkuperäistä ideaa ("neljä *manusta*" eli alkuajatusta, joista luomakunta lähti kehittymään).

Swarlokan läpi kuljettuaan ihmisen poika tulee *maharlokaan*, magneetin (atomin) paikkaan, jonka neljä osatekijää ovat ilmenemismuodon (Sanan), ajan, tilan ja hiukkasen (atomin) ideat. Kuten jo ensimmäisessä luvussa mainittiin, tämä *maharloka* edustaa *avidyaa*, tietämättömyyttä, josta on lähtöisin ajatus itsen erillisestä olemassaolosta ja jossa on egon, ihmisen pojan, alkujuuri. Koska ihminen (मानव *manava*) on tietämättömyyden verso ja koska edellä mainitut neljä ideaa edustavat tietämättömyyttä, noita ideoita kutsutaan neljäksi *manukseksi* (मनु + ष्ण = मानव), ihmisen alkuperiksi eli lähteiksi.

SUTRA 11

ततः भूतजयादणिमाद्यैश्वर्यस्याविर्भावः ॥ ११ ॥

Pimeyden ja tietämättömyyden voimat voittaessaan ihmisestä tulee yhtä Jumalan kanssa.

Maharloka, magneetin (atomin) paikka, on *brahmarandhra* eli *dasamadwara*, aineellisen ja hen-

Pyhä tiede

gellisen maailman välinen ovi. Kun ego, ihmisen poika, saapuu ovelle, hän käsittää Hengellisen Valon ja tulee kastetuksi siinä. Ovesta astuttuaan hän pääsee pimeyden, *mayan*, ideamaailman yläpuolelle ja saapuessaan hengelliseen maailmaan vastaanottaa todellisen Valon ja tulee Jumalan Pojaksi. Ollessaan Jumalan Poika ihminen voittaa pimeyden, *mayan*, kahleet ja omaa kaikki *aiswaryat*, askeettiset ylevyydet. Näitä *aiswaryoita* on kahdeksaa lajia:

Anima, kyky tehdä kehonsa tai mikä muu tahansa niin pieneksi kuin tahtoo, jopa vain atomin, *anun*, kokoiseksi.

Mahima, kyky tehdä keho tai mikä muu tahansa *mahatiksi*, niin suureksi kuin tahtoo.

Laghima, kyky tehdä kehonsa tai mikä muu tahansa *laghuksi*, painoltaan niin keveäksi kuin tahtoo.

Garima, kyky tehdä kehonsa tai mikä muu tahansa *guruksi*, niin painavaksi kuin tahtoo.

Prapti, *aptin* kyky, kaiken haluamansa saavuttaminen.

Vasitwa, *vasan* kyky, kaiken saattaminen hallintaansa.

Prakamya, kyky tyydyttää kaikki halut, *kamat*, vastustamattomalla tahdonvoimallaan.

Isitwa, kykeneväisyys tulla kaiken *Isaksi*, Herraksi. Katso Evankeliumi Johanneksen mukaan 14:12.

"Totisesti, totisesti minä sanon teille: joka uskoo minuun, myös hän on tekevä niitä tekoja, joita minä teen, ja suurempiakin, kuin ne ovat, hän on tekevä; sillä minä menen Isän tykö – –."

SUTRA 12

ततः सृष्टिस्थितिप्रलयज्ञानात् सर्वनिवृत्तिः ।
तदा मायातिक्रमे आत्मनः परमात्मनि दर्शनात् कैवल्यम् । १२ ।

Tietämys kehityksestä, elämästä ja hajoamisesta johtaa täydelliseen vapautumiseen *mayan*, harhan, kahleista. Kokiessaan itsensä Korkeimmassa Itsessä ihminen saavuttaa ikuisen vapauden.

Niinpä ihminen omatessaan edellä mainitut *aiswaryat*, askeettiset ylevyydet, ymmärtää täydellisesti Ikuisen Hengen, Isän, ainoan Todellisen Substanssin, Yhtenä, Täydellisenä Kokonaisuutena. Ja hän oivaltaa oman Itsen vain pelkäksi ideaksi, joka lepää tuon Hengellisen Valon sirpaleella. Tämän oivaltaessaan ihminen hylkää kokonaan turhan ajatuksen oman Itsen erillisestä olemassaolosta ja yhdistyy Häneen, Ikuiseen Henkeen, Isään Jumalaan. Tämä yhdistyminen Jumalaan on *kaivalya*, ihmisen lopullinen päämäärä, kuten tässä kirjoitelmassa on selitetty. Katso Johanneksen ilmestys 3:21.

"Joka voittaa, sen minä annan istua kanssani valtaistuimellani, niinkuin minäkin olen voittanut ja istunut Isäni kanssa hänen valtaistuimellensa."

LOPPUSANAT

"Rakkaus hallitsee pihaa, leiriä, lehtoa,
ihmisiä alhaalla ja pyhiä ylhäällä;
sillä rakkaus on taivasta ja taivas on rakkautta."

Runoilija on kuvannut rakkauden voiman kauniisti yllä olevissa säkeissä.[1] Edellisillä sivuilla on tullut selkeästi osoitetuksi, että "Rakkaus on Jumala", ei pelkästään runoilijan ylevissä tunnelmoinneissa vaan myös ikuisen totuuden aforismina. Kuuluipa ihminen mihin tahansa uskontokuntaan ja olkoonpa hänen asemansa yhteisössä mikä tahansa, hän on totisesti oleva oikealla polulla, jos oikein vaalii tätä sydämeensä luontojaan juurtunutta johtavaa periaatetta. Tällä polulla hän pelastaa itsensä vaeltamasta pimeyden, *mayan*, maailmassa.

Edellisillä sivuilla on osoitettu, kuinka rakkaus on vaalittavissa, kuinka se viljeltynä kehittyy, ja kuinka sen kehityttyä tällä keinoin ihminen löytää hengellisen opastajansa. Opastajan suosion turvin hän tulee kastetuksi pyhässä virrassa ja uhraa Itsensä Jumalan alttarin edessä tullen yhdeksi ikuisen Isän kanssa iäisyydestä iäisyyteen. Niinpä tämä pieni kirjanen päättyy hartaaseen kehotukseen, ettei lukija milloinkaan unohtaisi elämän

---

[1] Kolmannen laulun toinen säkeistö Sir Walter Scottin teoksesta *The Lay of the Last Minstrel.*

Pyhä tiede

suurta päämäärää. Valaistuneen viisaan, Shankaracharyan, sanoin:

"नलिनीदलगतजलमतितरलं तद्वज्जीवनमतिशयचपलम् ।
क्षणमिह सज्जनसंगतिरेका भवति भवार्णवतरणे नौका ॥"

["Elämä on aina epävarmaa ja häilyvää, kuin vesipisara lootuksen lehdellä. Vaikkapa vain hetkikin jumalallisen henkilön seurassa voi pelastaa ja vapahtaa meidät."]

Kirjoittajasta

Swami Sri Yukteswar on ihanteellinen esimerkki Intian ikivanhasta valaistuneiden *rishien* perinteestä. Häntä kunnioittavat kaikkialla maailmassa ihmiset, joita hänen elämänsä ja opetuksensa ovat innoittaneet; hän on heille *jnanavatar* ('viisauden inkarnaatio'). Hän osoitti sellaista itsensä hallintaa ja jumaluuden toteuttamista, joka on kautta aikojen ollut totuudenetsijöiden korkeimpana päämääränä.

Sri Yukteswarin varhainen elämä

Swami Sri Yukteswar oli alkuaan nimeltään Priya Nath Karar, ja hän syntyi Seramporessa (lähellä Kalkuttaa) vuonna 1855. Hän oli Kshetranath ja Kadambini Kararin ainut poika. Hänen isänsä Kshetranath oli varakas liikemies, ja perhe omisti seudulla useita isoja tiloja.

Nuoren Priyan terävä äly ja tiedonjano kävivät ilmi jo poikaiässä. Kuten niin usein on laita suurten persoonallisuuksien kohdalla, hänkin koki muodollisen koulutuksen enemmän haittana kuin apuna. Niinpä hänen akateeminen opiskelunsa ei ollut laajaperäistä.

Kshetranath Karar kuoli Priyan ollessa vielä poika, ja Priya joutui jo hyvin nuorena ottamaan perheen maaomaisuuksien hoidon vastuulleen. Hän meni naimisiin varhaisessa miehuusiässä, mutta hänen vaimonsa kuoli jo muutaman vuoden kuluttua. Heidän ainut lapsensa, tytär, puolestaan kuoli ollessaan vielä nuori nainen, pian naimisiinmenonsa jälkeen.

Totuudenjano johdatti Priya Nathin suuren mestarin luo. Benaresin Lahiri Mahasaya ylisti *kriya*-joogameditaation pyhää tiedettä menestyksellisimmäksi keinoksi saavuttaa Jumala-tietoisuus. Hän oli ensimmäinen, joka julkisesti opetti tuota muinaista tiedettä nykypäivinä. Sri Yukteswar saavutti korkeimman hengellisen tilan Lahiri Mahasayan opastamana ja oman *kriya*-harjoituksensa myötä. Kuten *Pyhä tiede* -teoksessa kuvataan, tässä tilassa "ihminen hylkää kokonaan

Pyhä tiede

turhan ajatuksen oman Itsen erillisestä olemassaolosta ja yhdistyy Häneen, ikuiseen Henkeen, Isään Jumalaan. Tämä yhdistyminen Jumalaan on *kaivalya,* ihmisen lopullinen päämäärä."

Pyhän tieteen kirjoittaminen

Sri Yukteswar katsoi, että idän hengellisen perinnön yhdistäminen lännen tieteeseen ja teknologiaan lievittäisi suuresti modernin maailman aineellista, psykologista ja henkistä kärsimystä. Hän oli vakuuttunut siitä, että sekä yksilötasolla että kansainvälisesti otettaisiin valtavia edistysaskeleita vaihtamalla keskinäisesti molempien kulttuurien hienoimpia myönteisiä piirteitä. Tämän vakaumuksen kiteytti merkittävä tapaaminen vuonna 1894 Mahavatar Babajin, Lahiri Mahasayan gurun, kanssa. Sri Yukteswar kertoi tästä ikimuistettavasta kohtaamisesta seuraavasti:[1]

"Tervetuloa, svamiji", Babaji sanoi rakastavasti.

"Mestari", vastasin painokkaasti, "minä *en* ole svami."

"Ne, joille Jumalan kehotuksesta annan svamin arvonimen, eivät milloinkaan kieltäydy siitä." Pyhimys puhui minulle yksinkertaisesti, mutta syvä totuus soi hänen sanoissaan; hengellisen siunauksen aalto täytti minut välittömästi. Hymyillen äkilliselle kohoamiselleni ikivanhaan sääntökuntaan[2] kumarruin tämän ihmishahmoisen, mitä ilmeisimmin suuren ja enkelimäisen olennon jalkoihin, joka oli suonut minulle tuon kunnianosoituksen. – –

"Näin, että olet kiinnostunut idän lisäksi myös lännestä." Babajin kasvoilta loisti tyytyväisyys. "Tunsin koko ihmiskuntaa syleilevän sydämesi murheen. Siksi kutsuin sinut luokseni.

"Idän ja lännen tulee rakentaa kultainen keskitie, jossa

---

[1] Paramahansa Yoganandan muistiin merkitsemänä kirjassa *Joogin omaelämäkerta,* luku 36.

[2] Biharilaisen Buddh Gayan *mahant* (luostarinjohtaja) otti Sri Yukteswarin myöhemmin muodollisesti jäseneksi svami-sääntökuntaan. Noihin aikoihin hän vaihtoi nimensä munkkinimeen Swami Sri Yukteswar ('Jumalaan yhtynyt').

Kirjoittajasta

toiminta ja syvällinen henkisyys yhdistyvät", hän jatkoi. "Intialla on paljon opittavaa länneltä aineellisessa kehityksessä. Vastalahjaksi Intia voi opettaa niitä universaaleja menetelmiä, joiden avulla länsi pystyy perustamaan uskontonsa joogatieteen järkkymättömälle perustalle.

Sinulla, svamiji, on oma osasi idän ja lännen tulevassa sopusointuisessa vuorovaikutuksessa. Joidenkin vuosien kuluttua lähetän sinulle oppilaan, jonka voit kouluttaa levittämään joogaa lännessä. Monien henkisten etsijöiden värähtelyt tulvivat ylleni. Näen Amerikassa ja Euroopassa potentiaalisia pyhimyksiä, jotka vain odottavat, että heidät herätetään. – –

"Pyytäisin sinua, svamiji", suuri mestari sanoi, "etkö laatisi pientä kirjaa kristittyjen ja hindujen pyhien kirjoitusten perimmäisestä sopusoinnusta? Ihmisten lahkolaisuus on hämärtänyt kirjoitusten perustavan ykseyden. Näytä rinnakkaisilla lainauksilla, että kummankin uskonnon armoitetut Jumalan pojat ovat puhuneet samoja totuuksia."

Seramporeen palattuaan Sri Yukteswar aloitti kirjalliset ponnistelunsa. "Ahkeroin yön hiljaisuudessa vertaillen Raamatun ja *sanatana dharman*[3] tekstejä", hän muisteli myöhemmin. "Lainasin siunatun Herra Jeesuksen sanoja ja näytin, että ne ovat pohjimmiltaan yhtä vedojen opetusten kanssa. *Paramguruni*[4] armosta kirjani *Pyhä tiede* valmistui lyhyessä ajassa."

Oppilaiden valmennus

Vuosien varrella Sri Yukteswar alkoi vastaanottaa oppilaita hengelliseen koulutukseen. Hänen peritystä kodistaan Seramporessa tuli hänen luostarinsa. Myöhemmin hän rakennutti toisen ashramin meren rannalle Puriin, 450 kilometriä etelään Kalkutasta.

Sri Yukteswar tapasi vuonna 1910 oppilaan, jonka Babaji oli luvannut lähettää hänelle silmälläpitäen joogan le-

---

[3] Kirjaimellisesti 'ikuinen uskonto'. Tällä nimellä kutsutaan veda-opetusten kokonaisuutta, joka on hindulaisuuden perusta.

[4] Jonkun gurun guru, tässä tapauksessa Mahavatar Babaji.

Pyhä tiede

vittämistä länteen. Hän oli Mukunda Lal Ghosh, jolle Sri Yukteswar myöhemmin antoi munkkinimen Paramahansa Yogananda. Paramahansa on kirjassaan *Joogin omaelämäkerta* kuvaillut yksityiskohtaisesti monia vuosiaan, jotka vietti Sri Yukteswarin hengellisenä oppilaana tarjoten kiehtovan elämäkerrallisen muotokuvan gurustaan. Kirjasta on otettu seuraavaan koosteeseen lyhyitä otteita:

"Jokapäiväinen elämä *ashramissa* sujui tasaisesti ilman suuria vaihteluita. Guruni heräsi ennen auringon nousua. Vuoteella maaten, tai joskus sillä istuen, hän kohosi *samadhin*[5] tilaan. – –

"Ei ollut vielä aamiaisen vuoro. Ensin seurasi pitkä kävely Gangesin varrella. Miten todellisia ja eläviä nuo aamuiset hetket guruni kanssa yhä ovat! Muistot nousevat vaivatta mieleeni, ja olen taas hänen rinnallaan. Varhainen aamuaurinko lämmittää jokea; hänen äänensä soi täynnä autenttista viisautta.

"Kylvyn jälkeen oli vuorossa keskipäivän ateria. Nuoret oppilaat olivat valmistaneet sen huolella, mestarin päivittäin antamien ohjeiden mukaan. Guruni oli kasvissyöjä, mutta ennen munkiksi ryhtymistään hän oli syönyt munia ja kalaa. Hän kehotti oppilaitaan noudattamaan mitä tahansa yksinkertaista, sopivalta tuntuvaa ruokavaliota."

"Vierailijoita ilmaantui iltapäivisin. Tasainen vierailijoiden virta valui rauhalliseen ashramiin. Guruni kohteli kaikkia vieraita kohteliaasti ja ystävällisesti. Mestari – se joka on oivaltanut olevansa kaikkiallinen sielu eikä keho tai ego – kokee kaikissa ihmisissä hätkähdyttävän samankaltaisuuden."

"Kahdeksalta oli illallisen aika, ja sille kutsuttiin toisinaan paikalla viipyneitä vierailijoita. Guruni periaatteisiin kului, ettei hän syönyt yksin, eikä kukaan lähtenyt hänen ashramistaan nälkäisenä tai tyydyttämättömänä. Sri Yukteswar ei koskaan hämmentynyt eikä tyrmistynyt odottamat-

---

[5] *Samadhi* (kirjaimellisesti 'ohjata yhteen') on autuas ylitietoisuuden tila, jossa joogi kokee yksilöllistyneen sielun ja kosmisen Hengen yksyeden.

tomista vieraista. Oppilaat valmistivat hänen kekseliäiden ohjeittensa mukaan niukoistakin aineksista juhla-aterian. Hän oli silti taloudellinen, ja hänen vaatimattomat varansa riittivät pitkälle. 'Elä mukavasti varojesi puitteissa', hän sanoi usein. 'Tuhlaavaisuus tekee elämästä epämukavaa.' Mestari osoitti luovaa omaperäisyyttä, oli kyse sitten *ashramin* vieraista huolehtimiseen liittyvistä yksityiskohdista, rakennus- tai korjaustöistä tai muista käytännön seikoista.

"Illan hiljaisina tunteina guruni usein jakoi meille katoamattomia aarteitaan puheen muodossa. Hänen jokainen lausahduksensa oli viisauden kyllästämä. Hän ilmaisi itseään ainutlaatuisen ja ylevän vakuuttavasti. Kenenkään en ollut kuullut puhuvan hänen laillaan. Hän punnitsi jokaisen ajatuksensa arvostelukyvyn herkällä vaa'alla ennen kuin puki sen sanoiksi. Totuuden sisin olemus levisi hänen sielustaan suloisen tuoksun tavoin ja tuntui olevan usein jopa aistien ulottuvilla. Olin aina tietoinen, että läsnä oli Jumalan elävä ilmentymä. Hänen jumalallisuutensa paino taivutti automaattisesti pääni hänen edessään."

"Pyhiä kirjoituksia lukuun ottamatta Sri Yukteswar luki vähän. Silti hän tunsi poikkeuksetta viimeisimmät tieteelliset saavutukset ja muut inhimillisen tietouden edistysaskeleet. Hän oli loistava keskustelija ja puhui mielellään vieraidensa kanssa mitä erilaisimmista aiheista. Guruni nopea äly ja rehevä nauru elävöittivät jokaista keskustelua. Mestari oli usein vakava, muttei koskaan synkkä. 'Jumalaa etsivien ei ole tarpeen tehdä kasvojaan surkeiksi'[6], hänellä oli tapana sanoa Raamattua lainaten. 'Muistakaa, että Jumalan löytäminen merkitsee kaikkien murheiden hautajaisia.'"

"Monet niistä filosofeista, professoreista, asianajajista ja tiedemiehistä, jotka saapuivat *ashramiin*, odottivat ensi käynnillään kohtaavansa ahdasmielisen uskovaisen. Toisinaan ylimielinen hymy tai alentuva katse paljasti, ettei tulija odottanut enempää kuin hurskaita latteuksia. Puhuttuaan Sri Yukteswarin kanssa ja huomattuaan, että hän tunsi tar-

---

[6] Matt. 6:16.

kasti heidän erikoisalansa, vieraat lähtivät vastahakoisesti."
"Mestarin oppilaisiin lukeutui useita lääkäreitä. 'Niiden, jotka ovat tutkineet fysiologiaa, pitäisi mennä vielä pitemmälle, sielun tieteeseen', hän sanoi heille. 'Aivan ruumiillisen koneiston takana on kätkettynä näkymätön henkinen rakenne.'"

"'Koko luomakuntaa hallitsee laki', Sri Yukteswar sanoi. 'Ulkoisessa maailmankaikkeudessa toimivia lakeja, jotka ovat tutkijoiden paljastettavissa, kutsutaan luonnonlaeiksi. Mutta on hienovaraisempia lakeja, jotka hallitsevat salaisia henkisiä maailmoja ja sisäistä tietoisuuden valtakuntaa; ne voidaan tuntea joogan tieteen avulla. Itsensä oivaltanut mestari – ei fyysikko – käsittää aineen todellisen luonteen. Sellaisen tiedon avulla Kristus kykeni parantamaan palvelijan korvan sen jälkeen, kun yksi hänen oppilaistaan oli vahingoittanut sitä.'"

"Mestari selitti myös Raamattua kauniin selkeästi. Kirkonkirjoissa tuntematon hinduguruni oli se, jolta opin käsittämään Raamatun kuolemattoman ytimen. – – Milloinkaan en ole kuullut, en lännessä enkä idässä, kenenkään selittävän kristittyjen pyhiä kirjoituksia niin syvällä henkisellä ymmärryksellä kuin Sri Yukteswar teki."

"Sri Yukteswar kehotti oppilaitaan olemaan eläviä yhdyssiteitä lännen ja idän hyveiden välillä. Hän noudatti itse länsimaisia tapoja ulkoisesti, mutta sisäisesti hän edusti itämaista henkisyyttä. Hän ylisti lännen edistystä, kekseliäisyyttä ja hygieenisiä oloja ja idän kuolemattomia uskonnollisia ihanteita."

"Sri Yukteswar oli käytökseltään pidättyväinen ja asiallinen. Hänessä ei ollut jälkeäkään mistään epämääräisestä tai höperöstä haihattelijasta. Hänen jalkansa olivat tukevasti maan pinnalla, päänsä turvallisesti taivaissa. Hän ihaili käytännön ihmisiä. 'Pyhyys ei ole typeryyttä! Jumalallisen kokeminen ei tee avuttomaksi!' hän tapasi sanoa. 'Aktiivinen hyveellisyys johtaa mitä syvimpään ymmärrykseen.'"

"Sri Yukteswarin intuitio oli läpitunkeva. Hän vastasi usein lausumatta jääneisiin ajatuksiin eikä siihen, mitä oli sanottu ääneen. – – Jumalallisen ymmärryksen tuottamat paljastukset ovat usein tuskallista kuultavaa maailmallisille korville, eikä mestari siksi ollut suosittu pinnallisten oppilaiden keskuudessa. Aina vähälukuiset viisaat sen sijaan kunnioittivat häntä syvästi. Uskallan väittää, että Sri Yukteswar olisi ollut Intian tavoitelluin guru, ellei hän olisi ollut niin suorapuheinen – –."

"On hämmästyttävää todeta, miten niin lujatahtoinen mestari saattoi olla sisäisesti niin tyyni. Häneen sopi *vedojen* määritelmä Jumalan miehestä: 'Kukkasta pehmeämpi, kun kyse on ystävällisyydestä, ukkosta voimakkaampi, kun periaatteesta.'"

"Ajattelin usein, että majesteettisesta mestaristani olisi voinut helposti tulla hallitsija tai mahtava sotapäällikkö, jos hänen mielenkiintonsa olisi suuntautunut maineen tai maallisten voittojen saavuttamiseen. Hän oli kuitenkin valinnut toisin ja valloittanut ne sisäiset vihan ja itsekkyyden linnoitukset, joiden kukistuminen on ihmisen korkein voitto."

Swami Sri Yukteswar lähetti vuonna 1920 Paramahansa Yoganandan Amerikkaan toimittamaan tehtävää, josta Mahavatar Babaji oli puhunut monta vuotta aikaisemmin. Hänen piti saattaa ympäri maailman totuudenetsijöiden ulottuville tietämys *kriya*-joogan vapauttavasta tieteestä. Sri Yogananda perusti tätä tarkoitusta varten Self-Realization Fellowshipin[7], kansainvälisen yhteisön, jonka päämaja on Los Angelesissa. Kolmen lännessä viettämänsä vuosikymmenen aikana hän luennoi suurille yleisöille Amerikan useimmissa suurkaupungeissa. Hän kirjoitti lukuisia kirjoja ja valmisti laajoja joogan kirjesarjoja kotiopiskelua varten. Hän koulutti luostarioppilaita säilyttämään Mahavatar Babajin ja Swami Sri Yukteswarin hänelle uskoman hengelli-

---

[7] Self-Realization Fellowship tarkoittaa kirjaimellisesti 'Itse-oivalluksen yhteisö'. Paramahansa Yogananda on selittänyt, että Self-Realization Fellowship -nimi merkitsee yhteyttä Jumalan kanssa Itse-oivalluksen avulla ja ystävyyttä kaikkien totuutta etsivien sielujen kanssa.

Pyhä tiede

sen ja humanitaarisen työn.

Sri Yukteswar kirjoitti Yoganandalle useaan otteeseen ilmaisten arvostuksensa oppilaansa antaumukselliselle toiminnalle ja saavutuksille Amerikassa. Seuraavat otteet kahdesta 1920-luvun puolivälissä kirjoitetusta kirjeestä välittävät sydämeenkäyvän välähdyksen siitä rakastavan läheisyyden jumalallisesta suhteesta, joka vallitsi näiden kahden suuren sielun välillä:

> Sydämeni lapsi, Yogananda!
>
> Sulan ilosta, kun katselen eri kaupunkien joogaoppilaitasi [valokuvista]. Kuullessani menetelmistäsi, joissa toistetaan vahvistavia lauseita, käytetään parantavia värähtelyjä ja pyhiä parannusrukouksia, en voi kuin kiittää sinua kaikesta sydämestäni.
>
> *   *   *
>
> Olen niin iloinen nähdessäni valokuvan Mount Washingtonin rakennuksesta[8], etten pysty sitä sanoin ilmaisemaan. Sieluni halajaa lentää sinne sitä katsomaan. Olet paneutunut hartaasti Jumalan välikappaleeksi luodaksesi sen. Jatka työtä näkemyksesi mukaisesti. Meidän välillämme ei voi koskaan olla mielipide-eroja. – –
>
> Kun olen palannut Seramporeen, voisin yrittää saada passin kiertomatkalle maailman ympäri, mutta olosuhteet näyttävät siltä, ettei sitä ole mahdollista tehdä tässä ruumiissa. Haluaisin lähteä kehostani lähellä sinua sinun paikassasi. Tämä ajatus tuottaa minulle suurta onnea.
>
> Mitä Puriin tulee, huolehdi sinä siitä, kuka tulee ottamaan siellä vastuun. Gurun armosta olen hyvässä kunnossa. Mutta olen luopumassa kaikista hallinnollisista asioista, jotka liittyvät eri toimintakeskuksiin. En pysty enää suoriutumaan kaikesta tästä työtaakasta. Tämä on alkua viimeisille ponnistuksilleni järjestelytehtävissä. – – Odotan sinua malttamattomasti.

---

[8] Viittaus Self-Realization Fellowshipin kansainvälisen päämajan hallintorakennukseen, joka sijaitsee Los Angelesin Washington-vuoren huipulla. Paramahansa Yogananda oli hankkinut paikan muutama kuukausi aikaisemmin.

Kirjoittajasta

Hänen viimeiset päivänsä ja poismenonsa

Kuten Sri Yukteswar ennusti, ei ollut Jumalan tahto, että hän matkustaisi Amerikkaan. Liioin Yoganandaji ei pystynyt irrottautumaan moninaisista vastuistaan vieraillakseen Intiassa. Viimein 1935 hän sai kiireellisen intuitiivisen kutsun gurultaan – enteenä siitä, että hänen gurunsa poismenon päivä oli lähestymässä. Hän palasi Intiaan vuodeksi mukanaan kaksi amerikkalaista oppilasta. Seuraavan selonteon on laatinut toinen heistä, C. Richard Wright, ja se tarjoaa yhden harvoista länsimaalaisen kirjoittamista henkilökohtaisista Sri Yukteswarin kuvauksista:

> Vakavana ja nöyränä kävelin Yoganandajin jäljessä sisäpihalle. Sydän takoen nousimme muutaman vanhan betoniportaan, joita olivat epäilemättä astuneet lukemattomat totuudenetsijät. Jännityksemme kohosi kohoamistaan, kun jatkoimme kulkuamme. Ja sitten, lähellä portaiden yläpäätä, eteemme ilmestyi hiljaa suuri Swami Sri Yukteswarji pyhimyksen ylväässä asennossa. Sydämeni paisui siitä siunauksesta, että sain kokea hänen mahtavan läsnäolonsa. – –
>
> Osoitin mestarille oman sanattoman rakkauteni ja kiitokseni: laskeuduin polvilleni ja kosketin hänen jalkojaan, jotka olivat ajan ja toisten palvelemisen kovettamat. Mestari antoi minulle siunauksensa. Nousin ylös ja katsoin hänen kauniisiin silmiinsä, jotka näkivät syvälle sisäänpäin mutta samalla säteilivät iloa. – –
>
> En voinut olla kokematta suuren mestarin pyhimyksellisyyttä hänen sydäntä lämmittävästä hymystään ja tuikkivista silmistään. Niin iloisessa kuin vakavassakin keskustelussa hänen puheessaan huomaa nopeasti sen varmuuden, joka on viisaan tunnusmerkki – sen, joka tietää tietävänsä, koska tuntee Jumalan. Mestarin suuri viisaus, vahva määrätietoisuus ja päättäväisyys ovat hyvin ilmeisiä.
>
> Hän oli pukeutunut yksinkertaisesti. Hänen aikoinaan okralla värjätyt *dhotinsa* ja paitansa ovat nyt haalean oransseja. Tarkastelin häntä kunnioittavasti aika ajoin ja havaitsin hänen olevan kookas ja ruumiinrakenteeltaan lihaksikas. Hänen kehonsa on munkinelämän koettelemusten ja uhrausten karaisema, hänen ryhtinsä majesteettinen. Hän kävelee arvokkaasti ja ylväästi. Hänen iloinen, rehevä nau-

Pyhä tiede

runsa nousee hänen rintansa syvyyksistä ja saa hänen koko kehonsa tärisemään.

Hänen ankaran ylväät kasvonsa luovat hätkähdyttävän vaikutelman jumalallisesta voimasta. Hänen hiuksensa ovat otsalta valkeat ja muualta kullan- ja mustanhopeisten raitojen sävyttämät. Ne ovat jakauksella keskeltä päätä ja päättyvät kiharoiksi hänen olkapäilleen. Hänen partansa ja viiksensä ovat niukat ja tuntuvat korostavan hänen piirteitään. Hänen otsansa on kalteva, ikään kuin se tavoittelisi taivaita. Hänen tummia silmiään ympäröi sädekehän tavoin eteerinen sininen rengas. – – Kun hän ei puhu eikä naura, hänen suunsa on tiukka, muttei kuitenkaan täysin vailla lempeyttä.

Vaikka Sri Yukteswarjin terveys näytti kaikista ulkonaisista merkeistä päätellen erinomaiselta, hänen aikansa jättää keho oli tosiasiassa lähenemässä. Vuoden 1935 lopulla hän kutsui Paramahansajin luokseen.

"Tehtäväni maan päällä on nyt täytetty; sinun on jatkettava." Mestari puhui hiljaa, ja hänen silmänsä olivat rauhalliset ja lempeät.

"Lähetä joku hoitamaan ashramiamme Purissa", hän jatkoi. "Jätän kaiken sinun käsiisi. Olet menestyksellisesti purjehtiva oman elämäsi laivan ja järjestömme aluksen niiden jumalalliseen määräsatamaan."

Suuri guru siirtyi *mahasamadhiin* (joogin lopullinen, tietoinen poistuminen ruumiista) 9. maaliskuuta 1936 Purissa. Kalkutan johtava sanomalehti, *Amrita Bazar Patrika*, julkaisi hänen kuvansa ja seuraavan uutisen:

> Srimat Swami Sri Yukteswar Giri Maharajin (81) *bhandara*-kuolinseremonia järjestettiin Purissa maaliskuun 21. päivänä. Lukuisat hänen oppilaansa saapuivat Puriin osallistumaan menoihin.
>
> Swami Maharaj oli yksi suurimpia Bhagavadgitan selittäjiä ja Benaresin Yogiraj Sri Shyama Charan Lahiri Mahasayan suuri oppilas. Swami Maharaj perusti Intiaan useita Yogoda Satsangan [Self-Realization Fellowshipin] keskuksia ja toimi sen joogaliikkeen suurena innoittajana, jonka on vienyt länteen Swami Yogananda, hänen tärkein oppilaansa. Juuri Sri Yukteswarjin profeetalliset kyvyt ja syvä ym-

Kirjoittajasta

märrys innoittivat Swami Yoganandan ylittämään valtameret ja levittämään Intian mestareiden sanomaa Amerikassa.

Sri Yukteswarjin tulkinnat Bhagavadgitasta ja muista pyhistä kirjoituksista todistavat, miten syvällisesti hän tunsi niin idän kuin lännenkin filosofiaa, ja avaavat silmämme näkemään sen, mikä yhdistää itää ja länttä. Sri Yukteswar Maharaj uskoi kaikkien uskontojen ykseyteen ja perusti yhteistyössä eri suuntien ja uskontojen johtajien kanssa *Sadhu Sabhan* (pyhimysten yhteisön) viljelemään tieteellistä henkeä uskonnon harjoittamisessa. Ennen poismenoaan hän nimitti Swami Yoganandan seuraajakseen *Sadhu Sabhan* johtajana.

Niin suuren miehen menettämisen myötä Intia on nyt todellakin köyhempi maa. Teroittakoot kaikki ne, joilla oli onni olla häntä lähellä, mieliinsä hänessä henkilöitynyttä Intian kulttuurin ja *sadhanan* todellista henkeä.

Hänen perintönsä ihmiskunnalle

Tietoisuuteen herännyt sielu, joka tulee Absoluutin läsnäolon piirin, tuntee Jumalan ainoana todellisuutena ja näkee elämän ja kuoleman katoavat alueet osana *mayaa*, harhaa. Tämä jumalallinen näytelmä tapahtuu kosmisen Luojan kaikkiallisen läsnäolon vaikutuksesta. Sri Yukteswar antoi poismenonsa jälkeen maailmalle syvällekäyvän viimeisen todistuksen totuuksista, joita hän oli niin ytimekkäästi kuvannut teoksessa *Pyhä tiede*. Kun Yoganandaji rakastetun gurunsa menetystä murehtiessaan teki valmisteluja Amerikkaan paluutaan varten, Sri Yukteswar ilmestyi hänelle ylösnousseessa hahmossa. Sri Yukteswar paljasti hänelle asioita kosmisen luomakunnan todellisesta luonnosta, kuoleman takaisesta elämästä ja kuolemattoman sielun jatkuvasta hengellisestä kehittymisestä. Tämä ihmeellinen kokemus on kokonaisen luvun aiheena Paramahansa Yoganandan teoksessa *Joogin omaelämäkerta*.

"Olen nyt kertonut sinulle, Yogananda, totuuden elämästäni, kuolemastani ja ylösnousemuksestani", Sri Yukteswarji sanoi rakkaalle oppilaalleen. "Älä murehdi minun vuokseni. Kerro mieluummin kaikkialla ylösnousemukses-

Pyhä tiede

tani. – – Kurjuuden hullaannuttamat, kuolemaa pelkäävät tämän maailman uneksijat saavat uutta toivoa."
"Liian kauan hän [ihminen] on kuunnellut 'maasta sinä olet' -neuvonantajien kalseaa pessimismiä unohtaen voittamattoman sielunsa", Paramahansaji kirjoitti kertoessaan jumalallisesta kokemuksestaan Swami Sri Yukteswarin kanssa. Elämällään ja luovuttamallaan viisaudella sekä kuolemallaan ja loistavalla ylösnousemuksensa todistuksella tämä suuri *jnanavatar* jätti perinnöksi koko ihmissuvulle suurenmoisen näyn ihmiskunnan myötäsyntyisestä jumaluudesta yhden Jumalan kuolemattomina lapsina.

LISÄÄ TIETOA PARAMAHANSA YOGANANDAN *KRIYA*-JOOGAOPETUKSISTA

Self-Realization Fellowship on omistautunut auttamaan hengellisiä etsijöitä maailmanlaajuisesti. Jos tahdot tietoja vuosittaisista yleisölle suunnatuista esitelmäsarjoistamme ja kursseistamme, ympäri maailmaa sijaitsevien temppeleidemme ja keskuksiemme meditaatio- ja muista tilaisuuksista, retriittien aikatauluista tai muusta toiminnastamme, pyydämme Sinua tutustumaan www-sivuihimme tai ottamaan yhteyttä Kansainväliseen päämajaamme:

www.yogananda-srf.org

Self-Realization Fellowship
3880 San Rafael Avenue
Los Angeles, California 90065-3219, U.S.A.
Puh. +1-323-225-2471

Myös Self-Realization Fellowshipin julkaisema:

Paramahansa Yogananda: Joogin omaelämäkerta (Autobiography of a Yogi)

Joogin omaelämäkerta on mukaansa tempaava kertomus harvinaisesta Totuuden etsinnästä. Kertomukseen limittyy tieteellisiä selityksiä niistä salaisista mutta täsmällisistä lainalaisuuksista, joiden avulla joogit ovat suorittaneet ihmeitä ja saavuttaneet itsehallinnan. Kirjoittaja kertoo monista vuosistaan Sri Yukteswarin antamassa hengellisessä koulutuksessa sekä tapaamisistaan idän ja lännen huomattavien henkilöiden kanssa. Näihin kuuluu Mahatma Gandhi, Luther Burbank, katolinen stigmaatikko Therese Neumann sekä Rabindranath Tagore.

Kirja häivyttää useita idän filosofiaa ja uskontoa koskevia ennakkoluuloja ja tarjoaa erinomaisen johdatuksen koko joogan tieteeseen. Ilmestymisvuotensa 1946 jälkeen *Joogin omaelämäkerrasta* on tullut alansa klassikko, joka osoittaa idän ja lännen uskonnollisten teiden perustavan yhtäläisyyden. Se on käännetty yli kahdellekymmenelle kielelle ja sitä käytetään korkeakouluissa ja yliopistoissa oppi- ja viitekirjana.

"Mitään tällaista joogan esitystä ei ole aikaisemmin ollut englanniksi tai millään muullakaan eurooppalaisella kielellä."
   –**Columbia University Press**

"Kiehtova ja kokemusaineistoon selkeästi perustuva kertomus."
   –**Newsweek**

"Harvinainen tilitys."
                    –**The New York Times**

"Kirja tarjoaa silminnäkijän kuvausta tämän päivän hindupyhimysten erikoisesta elämästä ja tavallisuudesta poikkeavista voimista, ja sillä on sekä ajankohtaista että ajatonta merkitystä. – – Hänen harvinaislaatuinen elämändokumenttinsa paljastaa – – Intian hengellistä rikkautta todellakin kirkkaammin kuin mikään tähän asti lännessä julkaistu."

–**W.Y. Evans-Wentz**, M.A., D.Litt., D.Sc.,
Jesus Collage, Oxford

"Niin syviä viisauden fragmentteja, että ne lumoavat ja liikuttavat pysyvästi."

–**Haagsche Post**, *Holland*

"Lukijaa kiehtovia sivuja, sillä ne vetoavat jokaisen sydämessä uinuvaan pyrintöön ja kaipuuseen."

–**Il Tempo del Lunedi**, *Rooma*

"Länsimaisilla kielillä on useita intialaista filosofiaa ja erityisesti joogaa käsitteleviä kirjoja, mutta yksikään toinen kirja ei paljasta yhtä välittömästi kokemuksia, joita niiden periaatteet täysin omaksunut ihminen elää."

–**Kurt E. Leidecker**, Ph.D.,
Filosofian professori, University of Virginia

"Tämä on monumentaalinen teos."

–**Sheffield Telegraph**, *England*

SELF-REALIZATION FELLOWSHIPIN JULKAISUJA

Saatavana kirjakaupoista tai suoraan kustantajalta:

Self-Realization Fellowship
3880 San Rafael Avenue
Los Angeles, California 90065-3219, U.S.A.
Puh +1 323 225-2471 • Fax +1 323 225-5088
www.yogananda-srf.org

PARAMAHANSA YOGANANDAN SUOMEKSI KÄÄNNETTYJÄ KIRJOJA

Joogin omaelämäkerta

Metafyysisiä meditaatioita

Onnistumisen laki

Paramahansa Yoganandan sanontoja

Pyhä tiede

Sielun pyhäkössä

Sisäinen rauha

Vahvistavien parannuslauseiden tiede

PARAMAHANSA YOGANANDAN ENGLANNINKIELISIÄ KIRJOJA

Autobiography of a Yogi

The Second Coming of Christ:
The Resurrection of the Christ Within You
Inspiroitu kommentaari Jeesuksen alkuperäisistä opetuksista.

God Talks with Arjuna: The Bhagavad Gita
Uusi käännös ja kommentaari.

Man's Eternal Quest
Paramahansa Yoganandan koottujen luentojen ja puheiden ensimmäinen osa.

The Divine Romance
Paramahansa Yoganandan koottujen luentojen, puheiden ja esseiden toinen osa.

Journey to Self-realization
Paramahansa Yoganandan koottujen luentojen ja puheiden kolmas osa.

Wine of the Mystic:
The Rubaiyat of Omar Khayyam —
A Spiritual Interpretation
Inspiroitu kommentaari, joka tuo päivänvaloon jumalayhteyden mystisen tieteen Rubaijatin arvoituksellisen kuvaston takaa.

Where There Is Light
Insight and Inspiration for Meeting Life's Challenges
Innoitusta elämän haasteiden ymmärtävään kohtaamiseen.

Whispers from Eternity
Kokoelma Paramahansa Yoganandan rukouksia ja jumalallisia kokemuksia korkeissa meditaatiotiloissa.

The Science of Religion

The Yoga of the Bhagavad Gita:
An Introduction to India's Universal Science of God-Realization

The Yoga of Jesus:
Understanding the Hidden Teachings of the Gospels

In the Sanctuary of the Soul:
A Guide to Effective Prayer

Inner Peace:
How to Be Calmly Active and Actively Calm

To Be Victorious in Life

Why God Permits Evil and How to Rise Above It

Living Fearlessly:
Bringing Out Your Inner Soul Strength

How You Can Talk With God

Metaphysical Meditations
Yli kolmesataa hengellisesti kohottavaa meditaatiota, rukousta ja affirmaatiota.

Scientific Healing Affirmations
Paramahansa Yoganandan perusteellinen selostus vahvistavien parannuslauseiden tieteestä.

Sayings of Paramahansa Yogananda
Kokoelma Paramahansa Yoganandan lausumia ja viisaita neuvoja, hänen vilpittömiä ja rakastavia vastauksiaan niille, jotka tulivat hakemaan häneltä opastusta.

Songs of the Soul
Paramahansa Yoganandan mystistä runoutta.

The Law of Success
Selittää ne dynaamiset periaatteet, joita noudattamalla on mahdollista saavuttaa tavoitteensa elämässä.

Cosmic Chants
Kuudenkymmenen antaumuksellisen laulun sanat ja melodiat. Johdannossa Paramahansa Yogananda selittää, miten hengellinen laulu voi johtaa jumalayhteyteen.

PARAMAHANSA YOGANANDAN ÄÄNITTEITÄ

Beholding the One in All

The Great Light of God

Songs of My Heart

To Make Heaven on Earth

Removing All Sorrow and Suffering

Follow the Path of Christ, Krishna, and the Masters

Awake in the Cosmic Dream

Be a Smile Millionaire

One Life Versus Reincarnation

In the Glory of the Spirit

Self-Realization: The Inner and the Outer Path

MUITA SELF-REALIZATION FELLOWSHIPIN JULKAISUJA

Täydellinen luettelo Self-Realization Fellowship -julkaisuista sekä ääni- ja videotallenteista on saatavana pyydettäessä.

Swami Sri Yukteswar:
The Holy Science

Sri Daya Mata:
Only Love:
Living the Spiritual Life in a Changing World

Sri Daya Mata:
Finding the Joy Within You:
Personal Counsel for God-Centered Living

Sri Gyanamata:
God Alone:
The Life and Letters of a Saint

Sananda Lal Ghosh:
"Mejda":
*The Family and the Early Life
of Paramahansa Yogananda*

Self-Realization
(Paramahansa Yoganandan vuonna 1925 perustama, neljä kertaa vuodessa ilmestyvä lehti)

SELF-REALIZATION FELLOWSHIPIN OPETUSKIRJEET

Paramahansa Yoganandan opettamia tieteellisiä meditaatiotekniikoita – kriya-jooga mukaan lukien – sekä ohjeita tasapainoisen hengellisen elämän kaikille alueille esitetään opetuskirjeissä, Self-Realization Fellowship Lessons. Tarkempaa tietoa löytyy ilmaiseksi saatavasta kirjasesta "Undreamed-of Possibilities", jota on englanniksi, espanjaksi ja saksaksi.

www.ingramcontent.com/pod-product-compliance
Lightning Source LLC
Chambersburg PA
CBHW020008050426
42450CB00005B/366